周佳榮

編著

快讀

古今日本
一萬年

策劃編輯　梁偉基

責任編輯　朱卓詠

書籍設計　陳朗思

書籍排版　吳丹娜

書　　名　快讀古今日本一萬年

編　　著　周佳榮

出　　版　三聯書店（香港）有限公司

　　　　　香港北角英皇道四九九號北角工業大廈二十樓

香港發行　香港聯合書刊物流有限公司

　　　　　香港新界荃灣德士古道二二〇至二四八號十六樓

印　　刷　美雅印刷製本有限公司

　　　　　香港九龍觀塘榮業街六號四樓 A 室

版　　次　二〇二三年四月香港第一版第一次印刷

規　　格　十六開（170 × 210 mm）三四四面

國際書號　ISBN 978-962-04-5036-5

目錄

前 言

認識一個國家的歷史和文化，借助工具書可得事半功倍之效。1980 年代開始，我在大學裏講授日本史，每以此為言，但合適的歷史詞典實在難求。遲至 1992 年，才首次有中文編寫的日本史詞典面世，吳杰主編的《日本史辭典》，是頗具分量的。

在此之前，竹內理三等編《日本歷史辭典》，先於 1988 年刊行，且便於閱讀。成春有、汪捷主編《日本歷史文化詞典》，自 2010 年出版以來，已超過十年了。我常向學生推介這幾種詞典，可惜坊間不易購得，未見再版，即使在圖書館裏亦不一定得見。

由於教學上的需要，我自己撰寫了一些詞條，為數約有一千，時思編成一冊日本歷史詞典，但因教研事忙，一直未能成事。近來三聯書店接納我的建議，喜出望外，於是將舊書稿整理一遍，略具規模。除了基本內容之外，務求增加新的詞條，古今兼備，俾能對日本歷史和文化有較通盤的介紹。

香港的學校，即使在大學歷史系，往往缺乏關於日本通史的課程，學生對古代史所知不多；而於日本近代史及日本文化，則有較大興趣。本書以年表為脈絡，輔以相關詞條，依時序編排，不純然是一種歷史詞典；且考慮

到中日關係史的角度，及中文學界應用的需要，希望讀者一書在手，即可暢讀。

然而，這是一項艱巨的工作，以一人之力，更是不容易的事。我只是量力而為，雖不能至，而心嚮往之，未盡妥善之處，所在多有，專家學者和廣大讀者祈為諒察。將來如有機會再版，定必力求改進。

周佳榮謹識

2022 年 11 月 23 日

凡 例

1. 這是一冊以年表為脈絡，而以詞條作說明的綜合工具書，將日本歷史與文化分為十四個時期，由遠古至現代，依時間次序編排。

2. 書首列述「基本知識及一般用語」，讀者可以藉此了解一些關於日本古今常見的重要詞匯，應用於不同的歷史時期。

3. 若干內容相近或有關的詞條，如「日本神話和傳說人物」、「江戶時代的思想家」等，匯為輯集中編排，俾便讀者閱覽。

4. 在各個時期之後，增設中日關係專篇，著重從中國史角度考察日本，擴大日本研究的視野。

5. 收錄詞條兼顧中文、日文用語的異同，並盡量附加日文讀法的羅馬字拼音和英文用語，可用以參照日文和英文著作。

6. 書末附錄日本歷史年號表、歷代天皇表、幕府將軍表、歷屆內閣總理大臣表及新舊地名對照表。

日本簡略地圖

北海道地方
●札幌

東北地方
●青森
仙台

中部地方

關東地方
東京
横濱

中國地方

近畿地方
京都
神戶
大阪
名古屋
靜岡
奈良
廣島

高知

四國地方

福岡
長崎
熊本
鹿兒島

九州地方

沖繩（琉球群島）

基本知識及一般用語

日本

Nihon / Nippon；
Japan

亦稱「日本國」，是位於亞洲大陸東緣、太平洋西北隅
的一個島國。由北海道、本州、四國、九州四個大島及
其附近三千五百多個小島組成，面積 37.7 萬平方公里。
國內多火山，有火山國之稱；又多地震，有地震國之
稱。森林面積佔國土面積百分之七十，礦產資源貧乏；
多峽谷、瀑布，水力資源豐富。人口一億二千五百多
萬（據 2021 年統計），以大和民族佔絕大多數，另有阿
伊努人等少數民族。國民多信奉神道教和佛教。其語言
稱為日語，書寫文字包括漢字、假名（分為平假名和片
假名）等。首都為東京都。二十世紀後期，逐漸發展成
為國民生產總值僅次於美國的經濟大國。二十一世紀以
來，日本的國民生產總值被中國超過，成為世界第三位
的經濟大國。（按：Nihon 是「日本」二字的日本讀音，
Nippon 則是日本人為強調其熱愛國家而使用的稱謂。英
文稱日本為 Japan，Japan 解作漆器，所以日本亦有「漆
器之國」的別稱。）

圖 1

明朝《日本考略》中所載日本地圖

日本國
Nihonkoku；Japan

即「日本」。

日本人
Nihonjin；Japanese

日本人。日本的主體民族是大和民族。

關東
Kantō

日本歷史上沿襲的習慣稱謂。通常指本州以東京、橫濱為中心的地方。現時所稱的「關東地方」,包括東京都、茨城縣、栃木縣、群馬縣、埼玉縣、千葉縣、神奈川縣。

關西
Kansai

日本歷史上沿襲的習慣稱謂。通常指本州以京都、大阪為中心的地方。

本州
Honshū

日本最大島嶼。面積22.7萬平方公里,連同附近小島共23.1萬平方公里,約佔日本總面積的61.1%。大城市有東京、橫濱、大阪、名古屋、神戶、京都等。

北海道
Hokkaidō

日本第二大島。在國境最北部,面積7.8平方公里。地勢高峻多山,是日本的農牧漁業基地。主要城市有札幌、旭川、函館等。

九州 Kyūshū	日本第三大島。在本州西南部，面積 3.65 平方公里。山脈縱貫，有阿蘇火山等。大城市有福岡、北九州、熊本、長崎、鹿兒島等。

四國 Shikoku	日本第四大島。在本州西南部，面積 1.82 平方公里。山脈橫亙，沿海平原狹小。主要城市有松山、高松、高知等。

沖繩 Okinawa	日本列島最南端的一個縣。首府為那霸。由沖繩、宮古、八重山三個群島為中心的六十多個島嶼組成。在古代為琉球國，至近代被併入日本版圖。第二次世界大戰後為美國佔領，至 1972 年歸還日本。現時境內仍有美軍基地。

日章旗 Nisshōki； The Flag of the Rising Sun	俗稱「太陽旗」，日本國旗。布底白色，長方形，長寬之比為 10：7。日章（太陽）紅色，其直徑為旗面寬度的五分之三。1871 年（明治三年）以太政官佈告形式制訂。次年明治天皇為日本第一條鐵路通車剪綵，在慶祝儀式上第一次正式懸掛日章旗。1999 年《國旗國歌法》頒佈前，日本並無法律規定日章旗為國旗，但實際上一直作為國旗使用。

太陽旗 Taiyōki	「日章旗」的俗稱。

君之代

Kimigayo ;
Japanese National
Anthem

日本國歌。歌詞是一首頌揚天皇治世的古典詩歌,見於平安時代的《古今和歌集》。1876 年,宮內省伶人林廣守譜曲,後來在軍隊中作為吹奏樂譜使用,並提供給條約國。隨後成為日本國歌。第二次世界大戰後,有些日本人認為歌詞內容不妥,主張停止使用,並出現了反對升日章旗和唱〈君之代〉的運動。1999 年頒佈《國旗國歌法》。

圖 2　日章旗

圖 3　君之代

天皇
Tennō;
Emperor

日本君主的稱號。原稱倭王、大王、大君等。608年聖德太子派小野妹子再次使隋，所攜國書以「東天皇敬白西皇帝」起頭，是迄今所見最早使用「天皇」稱號的文獻。天皇集政治權威和宗教權威於一身，但自九世紀起，由於出現攝關政治（平安時代藤原氏專權的一種政治）和幕府政治（封建武士政權的統治），大權旁落。直至十九世紀後半期明治維新後，「王政復古」，天皇總攬治權，《大日本帝國憲法》中更列明「天皇神聖不可侵犯」。天皇在歷史上被宣傳為天照大神的後裔，是「現人神」，而且是「萬世一系」，不曾中斷。第二次世界大戰結束後，天皇裕仁（昭和天皇）於1946年1月發佈《人間宣言》（按：日文「人間」是人或人格之意），承認天皇是人而不是神。《日本國憲法》定天皇為日本國和日本國民整體的象徵，其地位以主權所在的全體日本國民的意志為依據。此後天皇主要從事禮儀性的活動。

武家
Buke;
Military Houses

日本武士包括將軍、大名及所屬武士的總稱。原僅指將軍，其後也用來稱呼一般武士。

武士
Bushi / Samurai;
Warrior Class

日本歷史上的封建統治階段。出現於十世紀，是地方豪強（莊官、名主）的武裝家族成員和僕從，用來保護莊園和爭奪地盤。國司（大化革新後「國」一級地方行政官員）亦隨莊園領主化和武士化。逐步以原莊官、國司等有勢力的武士為首，採用血緣關係與主從關係相結合的方式，結成武士團。鎌倉、室町時代，發展為地區性

的結合，以至形成守護大名、戰國大名為首的家臣團。江戶時代，組成直屬將軍和分屬大名的家臣團。武士享有種種封建特權，以征戰為本業，亦參與政治、行政事務，並且是文化知識的壟斷者。江戶幕府末年，武士發生嚴重分化，出現一批改革派武士。明治政府實行四民平等、發放金祿公債等改革，武士階級自此不再存在。

浪人
Rōnin

幕府時代失去封祿、離開主家到處流浪的武士。鎌倉時代即用此詞。失業武士亦稱「浪士」。江戶時代，戰亂不休，幕藩體制瓦解，一時浪人多至數十萬。部分改營農商，但多數仍保持武士傳統。明治維新後，有些浪人為軍部所用，充當侵略擴張的先鋒。離開故土，流浪他國者，稱為「大陸浪人」。

浪士
Rōshi

失業的武士，即「浪人」。

大陸浪人
Tairiku rōnin

見「浪人」條。

大名
Daimyō；
Military Lords

日本封建時代的大領主。得名於大量佔有名田（登記的墾田）。鎌倉時代已有此稱。室町時代，守護佔有土地，又任幕府要職，稱「守護大名」。應仁之亂後，地方豪

族擴大領地，稱「戰國大名」。江戶時代以領地年收萬石以上的武士為大名。德川將軍近親的大名，稱「親藩」；關原之戰前追隨德川家康的大名，稱「譜代」；關原之戰後屈從幕府的大名，稱「外樣」。明治維新後，大名交出領地，授以等級、爵位，列入華族（貴族）。

戰國大名
Sengoku daimyō

見「大名」條。

武士道
Bushidō；
Way of the Samurai

日本武士特有的封建倫理體系。始於鎌倉幕府時期。隨著武士的產生和主從關係的形成，產生了忠義、武勇的道德準則，為武士所遵守，以後逐步有所發展。至德川幕府，以儒家思想使其理論化，形成以單方絕對忠於主君為核心，包括勇武、廉恥、節義、堅忍等內容的思想體系。由佐賀藩武士山本常朝口述、1716 年成書的《葉隱論語》，是有關的代表作。武士腰間常佩帶利刃，作為勇武的象徵。明治維新後，武士階級在法律上被廢除，但學校中仍長期灌輸武士道精神，用以提倡忠君愛國和軍國主義。

幕府政治
Shogunate

指日本封建武士政權的統治。首腦是征夷大將軍，「幕府」原為其居處，後亦稱其政廳。名義上由天皇授權將軍進行統治，實際上朝廷形同虛設，大權全歸幕府。幕府政治自鎌倉幕府起，中經室町幕府，直至江戶幕府為止，歷時近七百年。

神道
Shintō

日本的民族宗教。初時是奉行自然精靈崇拜和祖先崇拜的原始宗教，四世紀由大和朝廷規定了祭祀等事宜，五至六世紀吸收儒家倫理觀念和佛教教義，逐漸形成較為完整的宗教體系。信仰多神，特別崇拜作為太陽神的皇祖神——天照大神，設神社、神宮進行祭祀；宣揚天皇是天照大神的後裔和「現人神」，國民為其他諸神的後裔，日本是神國。十九世紀明治維新後，實行神佛分離，建立「國家神道」，作為推行忠君愛國和軍國主義的工具。第二次世界大戰結束後，神道與國家分離，成為民間宗教，教派眾多。中文亦稱神道為神道教。

大和民族
Yamato minzoku

日本的主體民族。究竟在甚麼時候形成，說法不一。有的學者認為，大和民族是歷史上先後移入日本的民族，包括通古斯族、馬來族、印度支那族和漢族等，相互融合而成。三世紀時，在本州中部興起「大和朝廷」，故名。使用日本語，多信奉神道教和佛教。

阿伊努人
Ainu

日本的少數民族。是赤道人種的一支，與現代日本人屬不同種族。原居住在本州諸島，後來因大和民族擴張，被迫北移，受到壓抑，在鎌倉時期逐漸被同化，官方估計，現在人口僅二、三萬，主要分佈在北海道的北部和中部，非官方估計則為二十萬人。說阿伊努語，通用日本語文。信仰多神，有崇拜熊的習俗，多從事漁獵。在日本歷史上，亦曾將毛人或蝦夷人稱為阿伊努人。

蝦夷族
Emishi

居住在日本東北的土著，歷史上又稱「毛人」。亦即「阿伊努人」。

隼人
Hayato

古代南九州的居民，主要居住在日向、太陽、薩摩地方，因不輕易臣服於倭王權，而被視為異民族。其中一部分隼人被移到中央地區定居，在舉行宮廷儀式時，從事歌舞、警衛宮門等職務。根據令制，衛門設隼人司，統管在中央地區的隼人。隼人須到宮廷供職，每六年輪換一次。直至八世紀初，隼人仍然起來反抗。

假名
Kana

日語表音文字。相對於漢字而言，有平假名和片假名兩種。平假名出自對漢字的草寫，片假名出自漢字的偏旁。假名文字成熟於平安初期，促進了平安時代的國風文學。平安末期以後，對庶民認識文化起了很大的作用。

東京
Tokyō

日本國首都，是日本的政治、經濟、文化中心。亦稱東京都。位於本州東南部，地處東京灣西北岸。有東京大學等著名高等學府，及明治神宮、東京塔等名勝和建築物。

1

遠古時代

（原始社會－約300年）

1 遠古時代

列島形成 —— 大陸文化傳入

約 30,000 年前	日本列島形成，出現人類，使用打製石器。
約 10,000 年前	日本進入新石器時期，稱為「繩文文化」。經濟生活以狩獵和捕撈為主，後期有原始的農耕。
約 2,300 年前	漢文化開始傳到日本，北九州傳入稻米栽培技術，水稻農耕；使用青銅器、鐵器，是金石並用時期，稱為「彌生文化」。

先土器文化

Sendoki bunka；
Sendoki culture

距今一萬多年前的日本，處於舊石器時代，人們使用打製石器，過著漁獵採集的生活。「土器」即陶器，當時日本尚未出現陶器，因而名為「先土器時代」，亦稱「先繩文時代」。

繩文文化

Jōmon bunka；
Jōmon culture

日本的新石器時代文化，約從一萬年前開始，延續到公元前後。因陶器上普遍飾有曲線或直線的繩紋（日文將「繩紋」寫成「繩文」），因而得名。其遺物遺跡遍及日本各地，有石簇、磨光石斧、骨角器、陶器和陶俑，以及蓋有茅頂的豎穴群和貝塚等。東部地方（東北）的繩紋複雜，多曲線；西部地方（九州一帶）的紋飾簡單，多直線。採集和漁獵是繩文文化的基本經濟形態，末期出現定居農業。

繩文時代
Jōmon jidai；
Jōmon period

以繩文文化為特色的時代，介乎舊石器時代與彌生時代之間。時間約從一萬年前開始，至公元前四世紀左右。分為草創、早、前、中、後、晚六個時期。參閱「繩文文化」條。

貝塚
Kaizuka

史前時代人們捕食後丟棄魚骨、貝殼等堆積成層的遺址。換言之，貝塚是海岸附近部落的垃圾場，也有於湖泊周圍形成的。貝塚在繩文時代早期已有發現，彌生時代和古墳時代也偶有發現。根據貝塚的外形（馬蹄形、半月形、環形和小貝塚等）和貝的種類（純鹹、以鹹為主、半鹹半淡、以淡為主、純淡等），以及貝塚在整個部落構成中的位置（與居住地點、廣場、基地等的關係），可以了解史前時代人們的生活狀況，甚至文化變遷等。

土偶
Dogū；
Jōmon figurines

人形的土製品，是繩文時代最具代表性的遺物。軀體成板狀，表情幼稚，一般認為是女性形象，可能與生殖和追求豐盈生活有關。土偶在繩文時代早期即有發現，大多數是在中期以後；土偶於東日本的分佈尤為密集，有不同種類。

圖4 日本石器時代土偶

彌生文化

Yayoi bunka；
Yayoi culture

日本繼繩文文化之後的早期鐵器時代文化，約當於公元前三世紀到公元三世紀。最初發現於東京都彌生町，因而得名。彌生文化從較易受中國、朝鮮影響的北九州開始，播及除北海道以外的日本全土。生產工具有石刀、木鍬、銅鏃和鐵鏃（開始使用鐵器農具），已進入種植水稻的農業經濟階段。用陶輪製作陶器，開始從事紡織。由於遺物中發現漢代銅鏡和王莽時代的貨泉，證明了彌生文化與中國古代文化有密切聯繫。此外，還有劍、矛、戟和銅鐸等青銅器。後期出現部族小國。

彌生時代

Yayoi jidai；
Yayoi period

繩文時代與古墳時代之間的時代，約為公元前四世紀至公元三世紀。共有六百年左右，分為前、中、後三個時期。參閱「彌生文化」條。

銅鐸

Dōtaku

彌生時代一種扁平的、釣鐘狀的青銅器（以銅、錫融合製造的器物）。筒形，頂部有半圓形的鈕。多作為祭祀之用。銅鐸的分佈以近畿地方為中心，東自本州中部，西至北九州。

日本神話和傳說人物

日本神話
Nihon Sinwa

日本古典著作中的神話故事，以民間傳說為素材匯集而成。包括以天照大神為中心的高天原神話，描寫大國主命統治的出雲神話，瓊瓊杵尊降臨高千穗峰而展開的日向神話，以及神代和人代結合的神武天皇傳說等。這些神話傳說，反映了日本國家形成和主權確立的過程。

天照大神
Amaterasu
Ōmikami

日本神話中的最高神。創世神伊奘諾尊與伊奘冉尊所生，統治高天原。既是天界的主宰，亦是天皇家血緣起點的皇祖神。天照大神是伊勢神宮的祭神。

瓊瓊杵尊
Niniki no
Mikoto

天照大神之孫，奉命攜帶八尺勾玉、八咫鏡、草薙劍三件鎮國之寶（三件神器），從高天原下凡到日向高千山穗峰，與大山津見神的女兒神阿多都比賣結婚，生出數神。

大國主命
Ōkuninushi no
Mikoto

日本古代出雲神話的中心神，原本是葦原中國地區的統治者。相傳天孫降臨前，應天照大神的要求，禪讓領土主權。大國主命是出雲大社祭神。

日本神話和傳説人物

神武天皇
Jimmu Tennō ;
Emperor Jimmu

傳說中的日本第一代天皇。相傳神武為謚號，本名神日本磐余彥，是天孫瓊瓊杵尊的曾孫。據《古事記》、《日本書紀》記載，他受命降臨人間，率軍從日向出發，經瀨戶內海，輾轉入大和（今奈良縣）境，臣服當地各族，辛酉（公元前660年）元旦在橿原宮即位，國號「秋津洲」。1872年（明治五年）定此年為日本紀元之始。但史學界對此說有懷疑。

———

日本武尊
Yamatotakeru
no Mikoto ;
Prince
Yamatotakeru

日本古代傳說中的英雄。景行天皇之子。相傳他勇敢多謀，受命征討九州的熊襲，刺死其酋長；後來又東征蝦夷，歷盡艱辛，戰功卓著。平定蝦夷後，日本武尊在回程中死於伊勢。一般認為，此傳說將獻身於大和國統一的英雄們的事跡集中於一身。

小國林立——邪馬台國登場

公元 1 年前後	部落小國林立，約有百餘國。
57 年	北九州倭奴國王遣使東漢，漢光武帝授以金印，是中日關係有文字記載之始。
107 年	倭面土國王帥升遣使東漢。
239 年	邪馬台國女王卑彌呼遣使帶方郡，魏明帝稱卑彌呼為「親魏倭王」，授予金印。

倭
Wa

古代中國對日本的稱呼，而稱日本人為「倭人」。「倭」，一說是日本人的自稱；一說出於九州筑前的地名「委」，「委」是「倭」的通假字。

邪馬台國
Yamatai Koku；
Yamatai

日本古國之一，約於公元二世紀後期形成。據《三國志》的《魏志·倭人傳》所載，邪馬台國約七萬餘戶，共立一女子為王，名為卑彌呼，以婢千人自侍；且統轄附近二十餘小國，當為日本奴隸制初期各部族長組成的聯合政權，有雛形的國家機構、軍隊和法律。239 年，卑彌呼遣使到中國北方的魏國，獲「親魏倭王」封號和「漢委奴國王」金印。魏國正始年間，雙方互有使節往返。266 年，中國史籍提到倭女王向西晉進貢，此後不見記載。邪馬台國的所在地，一說在北九州，一說在本州大和（今奈良縣），未有定論；關於社會結構和國家性質，亦頗多爭論。

卑彌呼
Himiko,
? – 約 247 年

日本三世紀中期邪馬台國女王。倭國之亂後，由諸國王共同擁立為女王。她幽閉不出，由一男子侍候飲食，傳送王命。據《魏志・倭人傳》記載，女王統治二三十國，當時並向中國三國時代中的魏國派出使者，魏明帝授予「親魏倭王」稱號。相傳她善鬼道，長咒術，實際上由她的弟弟治理國家，約在 247 年死於狗奴國的戰爭中。

難升米
Nashime

雅馬台國第一次遣使曹魏的使者，於 239 年抵魏都洛陽，獻奴婢、斑布等，魏明帝賜他為率善中郎將。

壹與
Iyo

邪馬台國女王。卑彌呼的宗女。據《魏志・倭人傳》，卑彌呼死後，國中以男子為王，但內亂再起，死了約一千人。於是以卑彌呼的親族、十三歲的壹與為女王，國家遂定。據《晉書》記載，壹與於 266 年派使者到中國西晉，貢男女奴婢三十人及布、玉等物。壹與之名，《梁書》作「臺與」。

2

大和時代

（約300-593年）

2　大和時代

古墳時代──任那設日本府

四世紀	土葬，造大古墳，稱為古墳時代。
367 年	朝鮮百濟初次派遣使節到日本。
370 年	朝鮮任那（加羅）設日本府。
391 年	日本攻打朝鮮半島，破百濟、新羅，後又與高句麗作戰。
四世紀末	大和朝廷統一了除日本東北地方外的大部分地區。

大和時代
Yamato jidai；
Yamato period

三世紀至七世紀的日本。以王朝統治為中心，中期由歸化人把中國的各種生產、建築技術、漢字和佛教帶去日本，並有倭五王與中國的交往。後期派出遣隋使到中國，並通過大化革新建立起律令制度。

古墳文化
Kofun bunka；
Kofun culture

日本的古代文化，晚於彌生文化，年代約當公元四世紀至七世紀，是日本原始國家的形成時期。以當時貴族所建築的古墳為其特徵，因而得名。墳丘形狀主要有方、圓和前方後圓三種，墓葬結構有豎穴和橫穴兩種。隨葬品中有裝飾品、武器、甲冑、馬具等，還將埴輪（陶俑）置於墳丘之上或其周圍。有的墓中還發現了中國漢、魏、六朝的銅鏡。古墳的出現，表明當時的日本社會，隨著鐵器的普及和農業的發展，階級社會文化形態已逐步形成。

古墳時代
Kofun jidai;
Kofun period

考古學上的時代區分，上承彌生時代。約從公元四世紀開始至七世紀末，分為前、中、後三期。參閱「古墳文化」條。

埴輪
Haniwa

古墳頂部和墳丘四周排列的素陶器的總稱。傳說垂仁天皇以此取代殉死的做法。埴輪可大別為兩類：一類是圓筒形埴輪，中空，彌生時代後期出現在吉備地區，最初是供祭祀用的、特殊的器台形陶器；四世紀修造古墳時，擴展到畿內，在墳丘周圍排列一至三層，五世紀後也排列於濠溝外堤。另一類是形象埴輪，有屋形埴輪、器物埴輪、動物埴輪和人物埴輪，盛行於五世紀以後，六世紀時在關東地區尤為普遍。但九州地區很少有埴輪，從埴輪演變而來的石人石馬則很發達。六世紀後半期至七世紀，再看不到埴輪，這現象成為古墳文化消亡的先兆。

圖
5
鳥形埴輪

任那
Mimana

指「任那日本府」，弁韓舊地、加羅各國的別名。任那自古以來就是樂浪、帶方兩郡的重要中轉地。據說四世紀中期，倭王權曾派大軍領原示弁韓地區，設置官家，作為統治朝鮮半島的軍事據點，以日本府為統治機構。其根據是「廣開土王碑」，但碑文的內容自明治以來似有所歪曲，不可盡信。五世紀後，任那各國由於新羅、百濟的擴張，562 年併於新羅。

任那日本府
Mimana Nihonfu

見「任那」條。

廣開土王碑
Gwanggaeto Stele

亦稱「好太王碑」，是頌揚高句麗中期國王廣開土王功績而建的方柱，位於鴨綠江中游輯安縣東崗。1882 年發掘。碑文有一千七百五十九字，當中記載了 391 年和 399 年高句麗兩次戰勝倭、百濟聯軍，碑文內有「任那」兩字，因而說四世紀末倭國在朝鮮半島建立了根據地。但有人認為，這是明治時期日本參謀本部主持下，由軍方與一些學者對碑文的解釋，碑文曾被削改。

王仁
Wani

朝鮮三國時期百濟國人，或謂為居住在朝鮮樂浪郡的漢人。博學多才，公元四世紀末，他從百濟攜帶《論語》等文籍到日本，是中國典籍和漢字傳入日本之始。日本史書中，稱王仁為和邇吉師。

和邇吉師

日本史書對王仁的稱呼。

大和朝廷——統一國家形成	
421 年	大和朝廷開始與中國南朝宋恢復邦交。在以後半個世紀中，贊、珍（珎）、濟、興、武大王（稱倭五王）相繼發展與宋的友好關係。
430 年	日本建造最大的仁德天皇陵。
五世紀	養蠶技術傳入日本。

大和朝廷
Yamato chōtei；
Yamato court

即大和國家，日本的古代國家。約公元三世紀中葉形成於大和（今奈良縣），四世紀時征服九州、本州大部，並佔領朝鮮半島南部的任那，至五世紀統一了除東北地方以外的日本本土。據《宋書》記載，自南朝宋永初二年（421 年）至昇明二年（478 年），倭王贊、珍（珎）、濟、興、武相繼遣使至中國（南朝宋），倭王武（雄略天皇）並受封為「安東大將軍」。其間，中國文化陸續傳入日本。後來豪族專擅，王權衰落。645 年大化革新後，確立以天皇為首的中央集權制，大和朝廷的時代遂告結束。

大和國
Yamato no Kuni

即「大和朝廷」。

倭之五王
Wa no Goō；
Five Kings of Wa

中文作「倭五王」，古代日本遣使中國南朝的五個倭王，他們是贊、珍（珎）、濟、興、武。四世紀末至五世紀初，日本列島進入大和國家統一時代，統一後的日本，期望得到中國朝廷允許日本掌握朝鮮半島的控制權，413 至 502 年（東晉義熙九年至南朝梁天監元年）間，倭五王遣使中國南朝總共約有十二次，奉獻貢品，獲取封號。據日本史家考證，倭王贊相當於應神或仁德、履中天皇，珍（珎）相當於反正或仁德天皇，濟即允恭天皇，興即安康天皇，武即雄略天皇。倭五王遣使來華，使西晉至東晉期間中斷了一百五十年的中日關係得以恢復。

屯倉
Miyake

大和國朝廷直轄領地。朝廷的基本經濟來源。由朝廷直接經營，包括役使田部部民耕作的領地和附近的徵稅地區。貴族的領地稱為田莊。

仁德天皇
Nintoku Tennō；
Emperor Nintoku，
？－約 427 年

第十六代天皇，313 至 399 年在位。應神天皇之子。學者認為，他就是《宋書·倭國傳》中所載的倭王贊（或珎）。重視農業，曾疏通難波的堀江，減雜稅和免徭役，天下興盛。對外積極與中國南朝劉宋通交，並力圖在朝鮮半島擴大其勢力。

仁德天皇陵
Nintoku Tennōryo；
Nintoku Mausoleum

大阪府堺市大仙町的前方後圓墳，全長 486 米，高 35 米，周圍有三道壕溝，是日本最大的古墳。

佛教傳入 —— 蘇我氏勢益張

538 年	佛教由百濟傳入（一說 552 年）。
562 年	任那日本府被置於新羅統治之下。
585 年	物部守屋燒毀佛寺、佛像。
587 年	蘇我氏滅物部氏。

佛教
Buddhism

世界三大宗教之一。公元前後傳到中國，六世紀前半傳到日本，對日本社會、文化產生很大影響。

大伴氏
Ōtomo family

古代日本的中央貴族。在大和王朝成立及發展期間，率領多個部族侍奉王朝，與物部氏同為大連，掌握軍隊。527 年，勢力一度衰落，因受到新興勢力藤原氏所壓，其後恢復。821 年改姓伴，後於「承和之變」及「應天門事件」中被流放而迅速衰落。

物部氏
Mononobe family

古代日本的中央貴族。掌管軍事、刑罰，四、五世紀時與大伴氏共同世襲「大連」。大伴氏失敗後，物部氏與蘇我氏並立，掌管朝政，圍繞著佛教問題而與蘇我氏對立，其後失敗，家族衰亡。

蘇我氏
Soga family

日本古代大和國（朝廷）後期最有力的豪族。原籍大和國高市郡蘇我，從五世紀後半的蘇我滿智時起逐漸得勢。六世紀蘇我稻目、馬子父子時，與皇室聯姻，倒物部氏，專擅朝政。至七世紀上半蝦夷、入鹿父子時，勢力益張。645 年，蘇我氏在中大兄皇子和中臣鎌足（後賜姓藤原）發動宮廷政變時被打倒。次年大化革新開始。

氏姓制度
Uji-kabane system

日本大和國貴族制度。姓為大王授予的榮譽稱號，如臣、連、直、首、造等。同時還有氏名，如大伴氏、蘇我氏等。氏表示家族血緣，姓表示門第尊卑。貴族的姓及所任官職均為世襲。平民則有名無姓。

部民
Burakumin ; Oppressed Class / Outcasts

大和時代在皇室或豪族支配下世代從事農業或手工業的集團成員。其來源有當地居民、外來移民及受奴役的姓族等，並冠以地名、職業名稱或貴族氏名。有耕種皇室直轄屯田的田部，有用朝廷原料和工具從事手工業的土師部（製陶器）、弓削部（造弓）、鍛冶部、錦織部等。屬於豪族的部民稱為部曲，如蘇我部。亦有豪族支配下向朝廷輸納課役者。階級成分複雜，一般說來屬半自由民，有的近似於奴隸。有一種看法認為部民制係集團化的奴隸制，也有認為其中奴隸型、農奴型、隸農型並存，而以隸農型部民為主。大化革新時，廢止部民制，但仍有殘存。

3

飛鳥時代

〔593-710 年〕

3 飛鳥時代

抑制豪族——聖德太子攝政

593 年	聖德太子攝政，推行改革。
603 年	制訂冠位十二階。
604 年	制訂憲法十七條。
607 年	小野妹子為首任遣隋使。建造法隆寺。
608 年	隋使裴世清赴日。

飛鳥文化

Asuka bunka；
Asuka culture

日本六世紀末至七世紀前半期以推古朝所在的飛鳥地方為中心而形成的貴族文化。時值聖德太子攝政，始派遣隋使和留學生到中國，積極引進中國佛教文化，在日本古墳文化的基礎上，形成了日本最早的佛教文化。建築方面，有法隆寺的堂塔；雕刻方面，有法隆寺金堂內的釋伽三尊像和廣隆寺、中宮寺的半跏思惟像；工藝方面，有中宮寺的天壽國繡帳等；此外，還有《三經義疏》等名作。

聖德太子

Shōtoku Taishi；
Prince Shōtoku，
574－622 年

日本古代著名政治家。原名厩戶，用明天皇之子。593年推古天皇（女）冊為皇太子，任攝政。為了抑制豪族，革新政制，加強皇權，於 603 年定冠位十二階（十二種爵階）之制，按功授階，不能世襲，以抑制豪族；次年

訂憲法十七條，強調君權至上，但未正式頒行。607 年（隋煬帝大業三年），派小野妹子為遣隋使，學習中國的文物制度，是為大化革新之先聲。又發出興隆佛教的詔書，派學生和僧人到中國留學，修建法隆寺、四天王寺等，死後被尊為上宮法皇、聖德太子。著《三經義疏》。

圖6 《聖德太子繪傳》，繪畫了聖德太子的生平事蹟。

厩戶皇子
Umayado no Miko

全名厩戶豐聰耳皇子,即「聖德太子」。

冠位十二階
Kan'i jūnikai

聖德太子制訂的位階制度,表示在朝中的席次。603年,將德、仁、禮、信、義、智各分大小,組成十二位階,又以紫、青、赤、黃、白、黑各色,按濃淡分別為冠。冠位根據個人功績和才能升遷,不能世襲。大化革新後,以此制為基礎加以增改,發展成為律令制度下的位階。

憲法十七條
Jūshichijō no Kempō;
Seventeen-Article
Constitution

日本最早的成文法,相傳是聖德太子制訂的。據《日本書紀》,制訂年份是在604年(推古十二年)。列舉官吏、貴族必須遵守的十七條政治道德,用漢文記述,強調以天皇為中心,成為建立律令國家的政治原則,其內容深受佛教、儒家和法家思想影響,對後世的編纂法典有很大影響。

遣隋使
Kenzuishi;
Embassies to Sui
China

日本派到中國隋朝的使節。前後共四次,即600年、607年、608年、614年。有大批留學生、學問僧同行。派遣的目的是與中國修好,學習中國文化、制度和佛學,對大化革新有很大的影響。同行的高向玄理、南淵請安,曾在大化革新中起重大作用。

小野妹子
Ono no Imoko

日本遣隋使節。近江滋賀郡人。607 年（推古天皇十五年）首次入隋。其國書稱「日出處天子致書日沒處天子」，隋煬帝不悅。608 年伴隋使裴世清等渡日。同年為送隋使歸國，與高向玄理等留學生八人再度使隋；次年東歸。兩次出使，有大批留學生、留學僧同行，中國文物制度因以傳入日本。隋稱他為蘇因高。

蘇因高

隋對小野妹子的稱呼。

裴世清
Pei Shiqing

隋朝派往日本的使節。607 年，聖德太子派小野妹子使隋，次年到達長安。隋煬帝雖因日本國書措詞而不悅，仍派文林郎裴世清率使節團十二人答訪，與小野妹子一起赴日。先抵筑紫，繼到難波津，然後進京遞交國書，接待儀禮極為隆重。裴世清回國時，聖德太子又派小野妹子使隋。其經過詳載於《日本書紀》。裴世清入唐後為駕部郎中、江州刺史。

法隆寺
Hōryūji

推古朝聖德太子創建的七寺之一，是聖德宗總本山。在奈良縣生駒郡斑鳩町。原有建築於 670 年焚毀，現存西院。鎌倉初期，全寺曾大加修建。寺內有許多佛像，定為國寶。

大化革新 —— 參照唐朝制度

622 年	聖德太子逝世，蘇我馬子執政。
630 年	犬上御田鍬首任遣唐使。
645 年（大化元年）	蘇我氏滅亡，大化革新（日文稱為大化改新）。初次定年號。
646 年（大化二年）	發佈大化革新敕令。

蘇我馬子
Soga no Umako，
? – 626 年

敏達朝至推古朝間的大臣。蘇我稻目之子。有武略、辯才。與物部氏有很深的矛盾，因與皇室有姻親關係，其勢力超過物部氏。587 年，在天皇繼嗣問題上，與大連物部守屋發生衝突，把他殺死，擁立崇峻天皇。但與天皇產生間隙，派人把他殺死。聖德太子總攝朝政期間，採忍讓態度，按命行使政務。聖德太子死後，蘇我馬子再度控制政權。

犬上御田鍬
Inugami no
Mitashuki

遣隋、唐使節。於推古朝二十二年（614 年，即隋大業十年）任遣隋使赴中國，次年返回日本；後於舒明朝二年（630 年，即唐貞觀四年）任第一次遣唐使到長安。632 年，與唐使高表仁及學問僧僧旻等一起回國。

遣唐使

Kentōshi；
Embassies to Tang
China

日本派遣到中國唐朝的使團。630 至 894 年間，共任命十九次，其中十六次成行，據說抵達唐朝的達十三次之多。使團人員包括大使、副使、留學生、學問僧及隨員等，最多時有四船，人數達五、六百人。遣唐使促進了中、日兩國的關係和文化交流，對日本社會更有重大貢獻。吉備真備、玄昉、最澄、空海等人，尤為稱著。

圖 7 《入唐行路圖》，描繪了古時日本入唐路線。

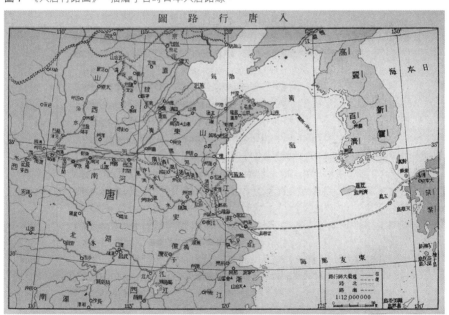

大化革新
Taika no Kaishin ; Taika Reform

日文稱為「大化改新」，日本古代一次著名的政治、經濟改革。645 年，以中臣鎌足和中大兄皇子為首的革新派，推翻了當權的豪族蘇我氏，擁立孝德天皇，改元大化。次年起，參照中國的律令制度，進行一系列的改革，包括：土地收歸國有，實行公地公民；取消皇族、豪族的私地和部民制，代之以授土和食封；確立行政機構，中央設二官、八省、一台，地方設國、郡、里；對「公民」施行班田收授法，受田人擔負租、庸、調及雜徭。經過半個世紀，改革才告完成。大化革新打破了氏族貴族的世襲特權，促進了社會經濟的發展，並形成以天皇為首的中央集權國家。在史學上，一說日本從此進入封建社會，一說仍保存奴隸制生產關係。

公家
Kuge

日本大化革新後對天皇、皇室和朝臣（公卿）的專稱。公家之名，用以區別於以前的氏姓貴族和平安時代以後興起的武士（武家）。

國司
Kokushi / Kuni no Mikotomochi ; Provincial inspector

日本大化革新後所設地方官的總稱。當時除京城外，分全國為六十餘國（行政區）。由中央分派貴族官僚擔任地方官，包括守、介、掾、目、史生，守為長官，以下四級輔助管理該地區的行政、司法、賦稅、軍警等項。狹義而言，國司僅指守。至鎌倉時代設置守護、地頭後，國司已有名無實。

品部
Shinabe；
Artisan Groups

日本古代為宮廷製作用品的一種半自由民。原為大和朝廷的部民，大化革新時因有特殊技藝而被配屬於朝廷各官衙，如圖書戶的紙戶、雅樂寮的樂戶、大膳職的雜供戶等。有的每年到京城輪值，有的居於京城及其周圍，交納產品。地位當在奴隸和平民之間，品部和雜戶合稱為「雜色人」。

雜戶
Zakko

日本古代為宮廷做工的一種半自由民。原為大和朝廷的手工業部民，大化革新時配屬於朝廷各官衙從事手工業。地位當在奴隸和平民之間，雜戶和品部合稱為「雜色人」。

雜色人

雜戶和品部的合稱。

孝德天皇
Kōtoku Tennō；
Emperor Kōtoku，
約 596 – 654 年

日本天皇（645 – 654 年在位）。本名輕。茅渟王之子，皇極天皇的同母弟。645 年中大兄皇子、中臣鎌足發動政變，迫皇極天皇退位，擁立他為天皇。即位後建元大化（是日本最早的年號），遷都難波（今大阪市），翌年推行「大化革新」。

高向玄理
Takamuko no
Kuromaro，
？ – 654 年

日本學者，大化革新功臣。歸化漢人後裔，本姓史，後以位於河內國錦部郡的住地為姓。608 年與僧旻、南淵請安等隨小野妹子入隋留學，640 年歸國。大化革新時

與僧旻任國博士，為政府最高顧問。649 年，與僧旻設置八省百官。654 年任遣唐使，死於長安。

南淵請安
Minabuchi Shōan

七世紀的學者、僧侶。大和高市郡漢人系統的渡來人。608 年（推古十六年），他與高向玄理等隨小野妹子入隋。640 年（舒明十二年）返日本，傳說中大兄皇子、中臣鎌足等曾向他學習外國的典章制度。他沒有參加新政府的跡象，但對新政府的政策有很大影響。

旻
Min，
? – 653 年

亦作「僧旻」，初稱新漢人日文。學問僧。608 年隨遣隋使小野妹子到中國，學佛教及易學；二十四年後，於632 年隨遣唐使犬上御田鍬等回國，與藤原鎌足一起傳播易學。大化革新時，與高向玄理同為國博士，參與制訂中央官制。

兵援百濟 —— 敗於白村江口

658 年	阿部比羅夫攻打蝦夷。
663 年	與唐、新羅聯軍戰於白村江口，慘敗，喪失在朝鮮半島的勢力。
668 年	制訂《近江令》。
670 年	作庚午年籍（戶籍）。

白村江之戰

Hakusukinoe no
Tatakai；
Battle of
Hakusukinoe

新羅與唐朝聯軍擊敗百濟與日本聯軍的戰役。七世紀中，新羅與唐朝結盟，牽制高句麗、百濟。660 年，新羅與唐朝聯軍大敗百濟，百濟遺臣遣使向日本求援，並要求送還在日本作人質的豐璋王子。662 年，豐璋王子回國；翌年百濟內訌，新羅乘機進攻，日本急派二萬七千人赴援。新羅、唐朝聯軍在錦江下游白村江口（今群山附近）與日軍激戰，日軍慘敗。豐璋王子逃往高句麗，百濟人大量流亡到日本。百濟滅亡。

道昭

Dōshō，
629 – 700 年

日本佛教法相宗的創始者。俗姓船連，河內（今大阪府）人。653 年入唐，師事玄奘；661 年歸國，帶回不少經籍。於元興寺建禪院。後周遊日本各地傳教，並從事社會事業。

班田收授法

Handen shūju no hō ;
Handen shūju system

也稱「班田制」。日本大化革新後至平安時代初期的土地制度。646 年（大化二年）革新詔書表示當建立新的土地制度，其後參考唐代的均田制，於 652 年（白雉三年）頒行。701 年（大寶元年）編製的《大寶律令》，作具體規定如下：凡年滿六歲的良民，男子每人授口田二段（當時一段相當於 11.9 公畝）；女子為男子三分之二；奴婢授田為良民的三分之一；死後收回。每隔六年，授田一次。政府向受田者課徵租、庸、調和雜徭。奈良時代中期以後，土地兼併嚴重，貧富不均，授田辦法逐漸難以實施。792 年（延曆十一年），京畿只對男子授田。834 年（承和元年），將六年授田一次改為十二年一次。後又改為二十年、五十年一次。以後莊園制發展，班田制至十世紀廢止。

班田制

即「班田收授法」。

天智天皇

Tenji Tennō ;
Emperor Tenji，
626 – 671 年

日本大化革新的發動者。名中大兄，舒明天皇之皇子。645 年與中臣鎌足發動宮廷政變，殺蘇我入鹿；迫蘇我蝦夷自殺，皇極天皇退位；擁立孝德天皇，自為皇太子，掌握全權。次年推行大化革新。後即位為天皇（662 – 671 年在位）。編製日本最古的法典《近江令》，及最早的全國戶籍。

中大兄皇子
Prince Naka no Ōe

即「天智天皇」。

中臣鎌足
Nakatomi no
Kamatari，
614 – 669 年

又名藤原鎌足。日本大化革新發動者之一。645 年與中大兄皇子發動宮廷政變，推翻蘇我氏，任內臣，次年進行大化革新。臨終時賜姓藤原，是藤原氏始祖。

藤原鎌足
Fujiwara no
Kamatari

即「中臣鎌足」。

近江令
Ōmiryō

全稱《近江朝廷令》。668 年頒佈的法典，二十二卷，是律令政治的基本法典。中臣鎌足是編纂法典的核心人物。該法典已失傳，701 年頒佈的《大寶令》，大體上反映了它的原貌。

壬申之亂——遷都大和飛鳥

672 年	壬申之亂，大海人皇子（天武天皇）戰勝大友皇子。
681 年	開始編纂新法典《淨御原令》。
684 年	更改諸氏族姓，制訂「八色之姓」。

白鳳文化
Hakuhō bunka；
Hakuhō culture

日本七世紀後半期至八世紀初所形成的文化。大化革新後，在形成中央集權的律令制國家基礎上，繼續吸收中國佛教文化，於飛鳥文化和天平文化之間起著承先啟後的作用。以 672 年的壬申之亂為界，分為前後兩期：前期是飛鳥文化的繼續，雕塑方面有法隆寺的四天王像等；後期受初唐文化影響，地方性佛寺建築日趨興盛，佛雕方面有興福寺的佛頭、藥師寺的本尊等，並延伸發展到天平時期文化。

壬申之亂
Jinshin Disturbance

日本大化革新後發生的一次皇位之爭。671 年天智天皇病死，大友皇子（即弘文天皇）繼位。672 年（壬申年），天智天皇之弟大海人皇子舉兵進攻，結果弘文天皇戰敗自殺。次年大海人皇子即天皇位，並由近江遷都大和的飛鳥，是為天武天皇。

淨御原令
Kiyomihara Ritsuryō；
Kiyomihara Code

亦作《飛鳥淨御原令》，天武天皇於 681 年命令編纂，持統天皇於 689 年頒佈施行的法令。令二十二卷，律與唐律相當。內容可據《日本書紀》作若干程度的推定，但有不清楚的地方。或謂與《大寶令》相近，或謂有很多相異之處。

飛鳥淨御原令
Asuka Kiyomihara
Ritsuryō；
Asuka Kiyomihara
Code

即《淨御原令》。

八色之姓
Yakusa no kabane

壬申之亂後，天武天皇重視血統，厚待皇親，於 684 年整理豪族之姓，制訂此姓氏制度。八姓是指：真人、朝臣、宿禰、忌寸、道師、臣、連、稻置。開皇親政治之道，確立古代天皇制國家。

藤原京
Fujiwarakyō

古代都城。在今奈良縣橿原市。690 年，持統天皇命立造京司，翌年開始營建，694 年自飛鳥淨御原宮遷到這裏。701 年竣工，710 年遷都平城京。次年，毀於大火。

4

奈良時代

（710-794年）

4 奈良時代

遷都平城——律令制度盛行

701 年（大寶元年）	制訂《大寶律令》。
708 年（和銅元年）	初次發行貨幣（和同開珍〔珎〕）。
710 年（和銅三年）	從飛鳥藤原京遷都平城京（奈良）。

奈良時代
Nara jidai；
Nara period

亦稱奈良朝。日本史上以平城（今奈良市）為京城的時代，由 710 年（和銅三年）起，至 784 年（延曆三年）遷都長岡止，是律令制全盛時期。在政治上，前期以天皇為中心的統治集團繼續推行律令制；後期貴族跋扈，內爭紛起。奈良時代注意吸收中國文化，屢派遣唐使、留學生到中國，著名人物有道昭、阿倍仲麻呂、吉備真備等。這個時代有繁榮的文化，尤以佛教建築、美術和文學成就最大；因其全盛時在天平年間（729 – 748 年），所以又稱「天平文化」。

奈良朝

即「奈良時代」。

平城京
Heijōkyō

奈良時代（710 – 784 年）都城。大部分在今奈良市。都城建制仿中國唐代長安城，主要部分的平面呈長方形，南北

長 5 公里，東西寬 4.5 公里。宮城在北部居中，朱雀大路由北而南，將全城分為兩半，東半稱左京，西半稱右京，有東市和西市。全城由縱橫交叉的大路劃分成許多坊。京內及其附近的佛寺如興福寺、藥師寺、東大寺、唐招提寺等，有的至今仍保留有當時的建築或其遺跡。

正倉院
Shōsōin

奈良時代的一座古物庫。在奈良東大寺大佛殿的西北。庫中存有一萬餘件古代文物，其來源主要有二：一是奈良時代光明皇后五次獻入東大寺的聖武天皇的各種遺物，一是 950 年（天曆四年）由東大寺羂索院倉庫中移入的器物。這些傳世文物，種類豐富，保存良好，大部分都具有濃厚的中國唐代以及中亞波斯的風格，有些是日本遣唐僧、使從中國帶回去的，是研究日本古代歷史文化及對外文化交流（特別是中日文化交流史）的重要遺物。

圖 8 正倉院

律令制
Ritsuryō system；
Legal codes system

日本古代根據律令確立的國家政治體制。自大化革新開始，編製了各種律令，包括《大寶律令》（701 年）、《養老律令》（718 年）等。律為刑法；令包括國家組織、行政法、民法、訴訟法以及其他各種制度的規定。律令制旨在加強中央集權和政治統一，在奈良時代達於全盛，平安時代中期瓦解，九世紀攝關政治產生後，逐漸廢弛。

大寶律令
Taihō Ritsuryō；
Taihō Code

日本奈良時代初期編纂的法典。繼承以往日本律令，並參考唐朝《貞觀律令》和《永徽律令》，於大寶元年（701 年）編成，次年頒行，故名。律為刑法；令包括國家組織、行政法、民法、訴訟法、田制、稅制、兵制以及等級身分的規定，旨在鞏固大化革新的成果，加強中央集權。《大寶律令》是日本律令的基礎，但今已大部分散失。養老二年（718 年）重修的《養老律令》（757 年始頒行）之中，保留了《大寶律令》的主要內容。

和同開珍
Wadō kaichin

亦作「和同開珎」，日本最早鑄造並發行的官方貨幣，初造於日本和銅元年（708 年）。

圖 9 「和同開珎」錢幣

栗田真人
Awata no Mahito，
？－719 年

日本奈良時代的遣唐使。700 年參與編製《大寶律令》。701 年任遣唐執節使，703 年入唐，至長安，704 年返日。官至中納言。

記紀成書——制訂墾荒法令

712 年（和銅五年）	太安萬侶撰寫《古事記》。
718 年（養老二年）	制訂《養老律令》。
720 年（養老四年）	舍人親王《日本書紀》修成。
723 年（養老七年）	制訂墾田《三世一身法》。
727 年（神龜四年）	渤海國始遣使到日本。

太安萬侶
Ō no Yasumaro，
? – 723 年

奈良時代學者、民部卿。711 年受元明天皇之命，筆錄舍人稗田阿禮口述的敕語、舊詞，編撰《古事記》；相傳他又參與《日本書紀》的編撰工作。所撰〈古事記序〉，仿唐代長孫無忌的〈進五經正義表〉、〈進律疏議表〉及《文選》等文體，反映了當時日本學者運用四六駢麗體的水平。

古事記
Kojiki ；
Records of Ancient
Matters

現存日本最古史書和文學作品結集。太安萬侶撰，712 年成書，共三卷，以皇室系譜為中心，記日本開天闢地至推古天皇（約 592 – 628 年在位）間的神話傳說和史事，目的在於明皇統，奠定「王化之鴻基」。序用漢文撰寫，本文採用混用漢文音義的特殊漢文體。1798 年本居宣長著《古事記》四十八卷，是本書重要的註釋書。《古事記》亦是日本國學和神道教的重要經典之一，但有學者認為是偽書。

舍人親王
Toneri Shinnō；
Prince Toneri，
676 – 735 年

天武天皇的第五皇子。主編《日本書紀》，720 年完成；同年任知太政官事，參與國政。死後追封太政大臣。

日本書紀
Nihon shoki；
Chronicle of Japan

日本最古史書之一。舍人親王、太安萬侶等用漢文本紀體撰，720 年成書。共三十卷，記日本開天闢地至持統天皇（約 690 – 697 年在位）間的神話傳說和史事。內容強調皇室的尊嚴和皇室統治的正當性，有明顯的政治意圖。此書亦是神道教重要典籍之一。

記紀
Kiki

日本現存最古史書《古事記》和《日本書紀》的合稱。二書均成書於奈良時代初期。例如〈應神記〉是《古事記》中關於應神天皇的記述，〈應神紀〉則指《日本書紀》中的有關內容。

三世一身法
Sanze Isshin no Hō

日本奈良時代朝廷鼓勵墾荒的法令。723 年制訂，規定開墾生荒者可作為私有地傳三代（子、孫、曾孫），再歸還國家，熟荒則開墾者死後歸公。從此律令制下的土地國有制遭破壞，743 年進而實行墾田永歸私有，貴族、寺社、富豪乘機廣佔土地。

養老律令
Yōrō Ritsuryō

奈良時代的法典。718 年（養老二年）根據《大寶律令》重新修訂。律、令各有十卷。757 年（天平寶字元年）實施。令的內容參考了唐朝的《永徽令》，大部分尚存，律則多有散失。

渤海
Bohai

指渤海國。七世紀末在中國東北部建立，初稱震國，唐封其首領大祚榮為渤海郡王，其後稱渤海國，成為日唐交通的中繼站。727 至 919 年，向日本派遣使節三十四次，日本派遣渤海使十三次。渤海文化如舞樂等輸入日本，並輸入毛皮等，日本則輸出絲絹織物等。926 年，渤海國為契丹所滅。

天平文化──建東大寺佛殿

741 年（天平十三年）	發佈各國建立國分寺、國分尼寺的敕令。
743 年（天平十五年）	頒佈《墾田永代私有法》，承認新開墾土地私有。聖武天皇下詔營造金銅盧舍那佛像。
751 年（天平勝寶三年）	日本最古的漢詩集《懷風藻》成書。
752 年（天平勝寶四年）	舉行東大寺大佛注魂式。

天平文化
Tenpyō bunka ;
Tenpyō culture

日本奈良時代以天平年間（729－749 年）為中心而形成的文化。以律令制國家的繁榮為基礎，受到中國唐代文化的深刻影響，形成貴族的佛教文化，由於佛教受到國家保護，因此興建佛寺成風，雕塑、繪畫等方面都有佛教的色彩。

國分寺
Kokubunji

奈良時代設立的官寺。741 年，聖武天皇詔令各國在國衙所在地設置，分為兩種：僧寺稱為「金光明四天王護國寺」，定員二十人；尼寺稱為「法華滅罪寺」，定員十人。給予一定的封戶、水田等。十世紀後，與律令制一同衰退。

懷風藻

Kaifūsō;
Florilegium of
Cherished Airs

現存日本最古老的漢詩集。編成於 751 年（天平勝寶三年），編纂者不詳，一卷，收入大津皇子、大友皇子等當時知識界六十四人的一百首詩。其中有很多作品，是受到中國六朝詩和初唐時的影響。《懷風藻》和《萬葉集》並稱奈良時代兩大文學作品集。

東大寺

Tōdaiji

位於奈良市雜司町，是日本佛教華嚴宗總寺院。八世紀中葉，聖武天皇仿照中國寺院建築結構，興建東大寺，其後被焚，重建。大佛殿東西長 57 米，南北寬 50 米，高 46 米，是日本以至世界最大的木造建築。殿內供奉的金銅佛像奈良大佛，是日本第一大佛。大鐘樓內的梵鐘，是日本最重的鐘，定為日本國寶。殿西松林中的戒壇院，是中國唐代赴日本的鑑真大師傳戒之地。

奈良

Nara

710 年定為都城，至 784 年遷都長岡京。其後，以東大寺、興福寺、春日大社為中心的門前町再次興盛，稱為南都。江戶時代設奈良奉行等職，負責行政事務。現時奈良是奈良縣廳所在地。

鑑真赴日——介紹中國文化

754 年（天平勝寶六年）	鑑真和尚到達日本，傳佈律宗。
759 年（天平寶字三年）	鑑真建唐招提寺。
765 年（天平神護元年）	道鏡任太政大臣禪師。
770 年（寶龜元年）	《萬葉集》問世。
784 年（延曆三年）	遷都長岡京。
788 年（延曆七年）	最澄建比叡山延曆寺。

鑑真

Ganjin，
688－763 年

唐代高僧，中日文化交流史上的傑出人物，日本佛教律宗的創始者。俗姓淳于，揚州江陽縣（今中國江蘇揚州市）人。十四歲出家，二十二歲受具足戒。尋遊兩京，遍研三藏。後往揚州大明寺，專宏戒律。742 年（唐天寶元年）應日僧榮叡、普照等邀請東渡，但五次航行均失敗，至 753 年（唐天寶十二年）第六次東渡始成功，與比丘法進、曇靜、尼智首、優婆塞潘仙童等始達日本九州薩摩秋妻屋浦（今日本九州南部）。翌年在奈良東大寺建築戒壇，傳授戒法，是日本佛教徒登壇受戒之始。759 年建唐招提寺，傳佈律宗，並將中國的建築、雕塑、醫藥學等介紹到日本。為中日兩國文化交流作出卓越貢獻。傳有《鑑真上人秘方》。

吉備真備
Kibi no Makibi，
695－775 年

日本奈良時代學者、政治家。出身貴族，原姓下道。717
年與玄昉、阿倍仲麻呂等作為遣唐留學生到中國，歷
十九年而歸，帶回唐禮、曆學、音樂諸書。746 年，賜
姓吉備。752 年，又以遣唐副使身分與藤原清河（正使）
等到中國；754 年返日，累進至右大臣。通天文、軍事、
曆數、音韻之學。曾與大和長岡共同刪訂《養老律令》。
著有《私教類聚》，僅有逸文流傳。

阿倍仲麻呂
Abe no Nakamaro，
698－770 年

一作阿部仲麿。日本奈良時代的遣唐留學生。大和人。
717 年與吉備真備、玄昉等同到中國。入國子監太學，
結業後歷任唐左春坊司經局校書、門下省左補闕、秘
書省秘書監等職。753 年東歸，遇暴風，漂至安南；重
返長安，任左散騎常侍與鎮南都護。歿於中國，埋骨長
安。在唐時初稱朝臣仲滿，後改為朝（晁）衡。工詩文，
與王維、李白等文人學士往還，王、李均有贈詩。

唐招提寺
Tōshōdaiji

律宗總本山，在奈良市五條
町。奉聖武天皇之命，由唐
僧鑑真主持，759 年建成。
該寺與戒壇院，並為傳佈和
研究律學的兩大道場。現存
創建初期的金堂、講堂，著
名文物有鑑真和尚像、藥師
如來等木雕佛像群，《東征
繪傳》和多種古寫經籍等。

圖
10
唐招提寺鼓樓

律宗
Risshū

佛教宗派，以研習及傳持戒律為主。唐道宗所創。天武天皇時，道光回國首傳。736 年，唐僧道璿抵日，宣講戒律。745 年鑑真抵日本，在東大寺設壇傳戒；創設戒壇院，規定僧侶必須受戒。鑑真是日本律宗的始祖。

道鏡
Dōkyo，
？－772 年

奈良時代僧人。俗姓弓削氏，河內國（今大阪府）人。從義淵學法相宗，後住東大寺。752 年應女帝孝謙天皇治病，受寵幸。764 年任大臣禪師，參與政事；次年升任太政大臣禪師，再次年受賜法王位。其後因覬覦皇位，發生「宇佐神託事件」。光仁天皇即位，被貶為下野（今櫪木縣）藥師寺別當（總掌寺務的僧官）。

萬葉集
Man'yōshū

日本現存最古的和歌集。成書於奈良時代後期，共二十卷，收集了五世紀至八世紀中葉的長歌、短歌、旋頭歌共四千五百餘首，作者包括天皇、貴族和平民百姓。一般認為，這部和歌集是經歷了數次補訂而成的；編者不詳，但奈良時代著名歌人大伴旅人參與了編撰工作。集中的和歌大致分為四個時期：第一期代表性的歌人有舒明天皇、額田王；第二期有柿本人麻呂、高市黑人、持統天皇；第三期有山部赤人、山上憶良、大伴旅人；第四期有大伴家持。內容方面，可以分為雜歌、相聞歌、挽歌等類，當中包括許多作者不詳的民謠式和歌。歌風樸素生動，對後來的歌人影響極大。用萬葉假名（即以漢字作為表音符號）寫成。

長岡京
Nagaokakyō

古代都城。784 至 794 年，桓武天皇都於此。都址在今京都府長岡京市，曾經停建。794 年依和氣清麻呂建議，遷都平安京。

平安京
Heiankyō

平安時代的都城，後稱京都。794 年桓武天皇遷都於始，作為天皇的所在，一直未變，直至明治天皇行幸江戶，改江戶為東京，京都才成為舊都。

京都
Kyōtō

日本古都。見「平安京」條。

大阪
Osaka

位於今大阪灣東北岸、淀川河口旁。古稱難波，豐臣秀吉在此修築城市。江戶時期成為關西地區最繁榮的城市。江戶時期成為關西地區最繁榮的城市，由幕府直轄。明治維新前寫作「大坂」，維新後定名「大阪」。

日本古代都城的變遷

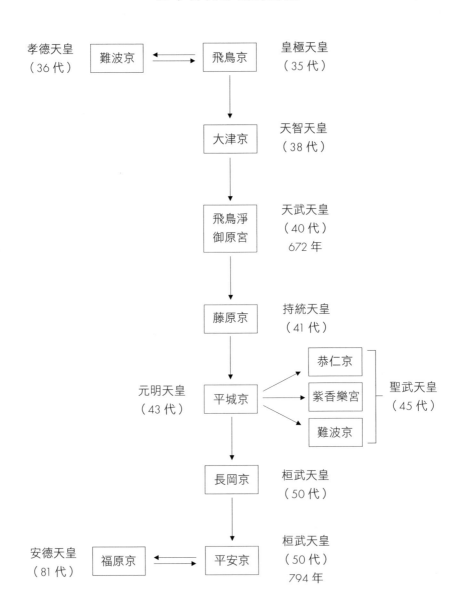

孝德天皇（36代）　難波京 ←→ 飛鳥京　皇極天皇（35代）

大津京　天智天皇（38代）

飛鳥淨御原宮　天武天皇（40代）672年

藤原京　持統天皇（41代）

元明天皇（43代）　平城京 → 恭仁京　紫香樂宮　難波京　聖武天皇（45代）

長岡京　桓武天皇（50代）

安德天皇（81代）　福原京 ←→ 平安京　桓武天皇（50代）794年

5 平安時代 （794–1185年）

5 平安時代

遷都平安——最澄空海入唐

794 年（延曆十三年）	遷都平安京（京都）。
797 年（延曆十六年）	坂上田村麻呂任征夷大將軍。
801 年（延曆二十年）	坂上田村麻呂攻打蝦夷。
804 年（延曆二十三年）	最澄、空海從遣唐使入唐。
805 年（延曆二十四年）	最澄歸國，創天台宗。
806 年（大同元年）	空海歸國，創真言宗。

平安時代

Heian jidai ;
Heian period

日本歷史上幕府政治之前以平安（今京都市）為京城的時代。始於 794 年桓武天皇遷都平安。貴族藤原氏專權，行攝關政治，長期控制國政。經院政時期，至 1192 年源賴朝開創鐮倉幕府，平安時代終結。

坂上田村麻呂

Sakanoue no
Tamuramaro，
758－811 年

平安初期武將。791 年協助征夷大將軍大伴弟麻呂征討蝦夷，立下功勞；796 年將鎮守府將軍，旋任征夷大將軍。801 年再征蝦夷，相繼破胆沢城及志波城，歷任刑部卿、陸奧出羽按察使參議、大納言等職。

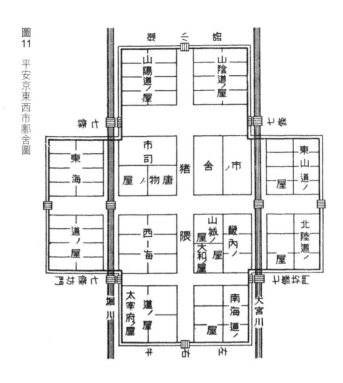

圖11 平安京東西市鄽舍圖

最澄

Saichō，
767－822 年

日本佛教天台宗的創始者。俗姓三津首，幼名廣野。近江國滋賀郡人。自幼出家，804 年（唐貞元二十年）到中國浙江天台山，從智顗的法系道邃、行滿二人習天台教觀，從天台山禪林寺脩然受禪法，又於越州（今中國浙江紹興市）龍興寺從泰岳靈岩寺順曉受密法。一年後回國，帶回經疏等二百三十部。在日本琵琶湖畔比叡山建立延曆寺，成為天台宗道場，迄今猶盛，且支派很多。諡號傳教大師。著有《守護國界章》、《法華秀句》、《顯戒論》等。

空海
Kūkai，
774 – 835 年

通稱弘法大師。日本佛教真言宗的創立者。俗姓佐伯，幼名真魚。讚歧（今香川縣）人。十八歲出家。唐貞元二十年（804 年）到中國學密教，806 年回國，帶回經疏等二百一十六部及佛像、佛具等，開始在京都寺（即教王護國寺）建立真言宗，稱之為「東密」。後又在高野山創建專門道場進行傳播。漢學根柢很深，工詩文、書法，在其《文鏡秘府論》、《篆隸萬象名義》（日本第一部漢文字典）等著作中，保存了不少中國語文學和音韻學的資料。

弘法大師

日本佛教真言宗創立者空海的通稱。

圓仁
Ennin，
794 – 864 年

日本天台宗山門派創始人。俗姓壬生氏，下野國（今櫪木縣）人。十五歲時，入延曆寺師事最澄；二十一歲在東大寺受戒，旋上比叡山結庵苦修。838 年隨遣唐使到中國，在揚州開元寺學梵語及金剛界大法。回國時因遇大風雨折返，上五台山遍訪諸寺，轉赴長安資聖寺，從各地高僧學顯、密二教及抄寫經籍。時值唐武宗有滅佛之舉，遂於 847 年返日本，攜回佛教經疏、儀軌等，得天皇信任，於比叡山設灌頂台、建總持院，傳密教及天台宗教義，854 年成為延曆寺第三代座主。清和天皇賜以慈覺大師諡號。著有《入唐求法巡禮記》，與《大唐西域記》、《東方聞見錄》並稱世界三大旅行記。另有《顯揚大戒論》等著作百餘部。

承和之變 —— 攝政關白專權

842 年（承和九年）	承和之變，藤原氏陰謀篡權。
858 年（天安二年）	藤原良房以太政大臣和外戚雙重身分獨攬朝政。
866 年（貞觀八年）	藤原良房攝政。
887 年（仁和三年）	藤原基經任關白。
894 年（寬平六年）	根據菅原道真意見，廢止遣唐使。
899 年（昌泰二年）	菅原道真任右大臣。
901 年（延喜元年）	菅原道真被流放到大宰府。

承和之變
Jōwa no Hen；
Jōwa Conspiracy

平安時期發生於朝廷的一場政變。承和九年（842 年）阿保親王密告春官坊帶刀伴健岑和但馬權守橘逸勢欲擁戴皇太子恒良親王（藤原良房之妹所生）為皇太子。850 年，道康親王即位，是為文德天皇，藤原良房以外戚身分施展其權力，為攝關政治的建立創造了條件。

藤原氏
Fujiwara family

日本奈良、平安時代的豪族，是古代有名的四姓之一。669 年中臣鎌足因大化革新有功，賜姓藤原。其子藤原不比等權勢漸大。858 年藤原良房始任攝政。887 年藤原基經始任關白。十一世紀藤原道長、藤原賴通時，廣佔莊園，世為外戚，壟斷攝政、關白及其他顯職，為藤原氏最盛時期。鎌倉時代分為近衛、鷹司、九條、二條、一條五家，仍常任攝政、關白，但已無實權。

攝關政治

Sekkan seiji ;
Regency government

日本平安時代中期藤原氏專權的一種政治體制。藤原氏世代以太政大臣和外戚身分掌權。天皇年幼時，太政大臣主持政事稱「攝政」；天皇成年親政後，攝政改稱「關白」。但天皇無實權。藤原良房在 858 年始稱攝政，藤原基經在 887 年始稱關白。後一度中斷，於 930 年藤原忠平恢復，十一世紀藤原道長及其子賴通時，勢力最盛。至後三條天皇（1068 – 1073 年在位）時，藤原氏權力下降。1086 年院政時代開始，攝政、關白失其作用。但攝政之職，一直延續到江戶時代。

藤原良房

Fujiwara no
Yoshifusa，
804 – 872 年

平安初期的廷臣。與嵯峨天皇之女潔姬成婚，仁明天皇時任藏人頭、參議。842 年藉承和之變擴大權勢，848 年任右大臣兼太子傅，857 年任太政大臣，實為關白。後來輔助濟和天皇，成為事實上的攝政。866 年藉應天門之變，排除大伴氏等世家大族，由藤原氏獨攬朝政大權，開人臣攝政之端。

藤原基經

Fujiwara no
Mototsune，
836 – 891 年

平安初期的廷臣。872 年任右大臣，876 年成為外甥陽成天皇的攝政，後任太政大臣。884 年廢陽成天皇，其女溫子為皇妃，升任關白。

菅原道真

Sugawara no
Michizane，
845 – 903 年

平安中期的政治家。862 年省試合格，成為文章生；870 年經國家考試，進入仕途，任少內記，其後歷任兵部少輔、民部少輔、武部少輔、讚岐守、民部卿、藏

人頭、內覽、右大臣等職。894 年被任命為遣唐使，因唐末衰亂，天皇接受菅原道真建言，廢除派遣，遣唐使時代至此結束。901 年因藤原時平的陷害，被貶為大宰權帥，在九州鬱悶而死，追贈為一位太政大臣。其祀於天滿宮，頗受民間崇仰。他曾參與《類聚國史》、《三代實錄》的編纂，著有《菅家文草》、《菅家後集》、《新撰萬葉集》等。

攝政
Sesshō

平安時代官名。天皇年幼時，太政大臣主持政事，代天皇處理所有政務，稱為「攝政」。十世紀後半開始，成為常置官職。

關白
Kampaku；
Imperial Regent

平安時代官名。天皇年幼時，太政大臣主持政事，稱「攝政」；天皇成年親政後，攝政改稱「關白」。唯諸事先經關白過問，然後奏聞天皇；關白握有實權。

變亂頻生 —— 確立獨裁體制

902 年（延喜二年）	醍醐天皇發佈首次《莊園整理令》。
905 年（延喜五年）	紀貫之等《古今和歌集》問世。
935 年（承平五年）	承平、天慶之亂開始（941 年平定）。
939 年（天慶二年）	藤原純友之亂。
969 年（安和二年）	安和之變，確立藤原氏專權獨裁體制。
995 年（長德元年）	藤原道長任右大臣，掌握朝廷大權。

平將門

Taira no Masakado，
? – 940 年

平安中期武將。鎮守府將軍平良將之子。以下總為根據地，發展其勢力。因族內發生爭鬥，於 935 年殺死伯父平國香，後又幫助土豪反抗國司，佔據常陸、上野、下野國府，並在下總猿島建立王城，自稱新皇，而被朝廷討伐。在與平貞盛、藤原秀香的戰鬥中戰死。

藤原純友之亂

Fujiwara no
Sumitomo no Ran；
Fujiwara no
Sumitomo rebellions

承平（931 – 937 年）、天慶（938 – 946 年）年間，律令制衰落，貴族驕奢，地方豪族日益不滿。前伊予掾藤原純友以伊予日振島為據點，與海賊勾結，率船千餘艘，在瀨戶內海掠奪官民財物。936 年，朝廷派紀淑人鎮壓。939 年，藤原純友起兵叛亂，攻入讚岐，驅逐國司，火燒國府，南下阿波。此時，平將門之亂席捲東國，朝廷於

940 年派追捕使小野好古、源經基西征。藤原純友以眾多船隻應戰，因部下藤原恒利背叛，失敗逃至筑前，佔領九州大宰府。次年，朝廷派征西大將軍藤原忠文率兵進擊，藤原純友逃回伊予，被警固使橘遠保捕殺。

承平、天慶之亂
Jōhei-Tengyō no Ran；
Jōhei-Tengyō
rebellions

平安中期發生的叛亂，是平將門之亂、藤原純友之亂的合稱。因兩動亂同時發生在承平（931 – 937 年）及天慶（938 – 946 年）間，故名。

莊官
Shōkan

也叫「莊司」。日本歷史上莊園領主的代理人。負責徵收上繳貢賦，掌管莊園一切事務，維持治安，係莊園的實際支配者。隨著時代和地區不同，莊官亦稱地頭、下司、公文等。

莊司

即「莊官」。

圖 13 《一遍上人繪傳》內的莊園

古今和歌集

Kokin Wakashū ;
Collection of
Ancient and Modern
Japanese Poetry

平安時代最早的敕撰和歌集。是《三代集》、《八代集》的首部。紀貫之、紀友則等奉醍醐天皇敕選編，於913年完成。共二十卷，收入六歌仙、小野篁、阿倍仲麻呂、菅原道真、無名氏及游女等一百二十人的作品共一千一百一十首。內容大多反映自然和日常生活，廣泛反映了日本人的感受。

圖14 《古今和歌集》，由習得《古今和歌集》秘傳的牡丹花肖柏（歌人）所持有。

源氏物語 —— 反映貴族生活

1002 年（長保四年）	《枕草子》問世。
1007 年（寬弘四年）	《源氏物語》問世。
1016 年（長和五年）	藤原道長攝政，藤原氏的攝關政治達於最盛期。
1051 年（永承六年）	前九年之役開始。
1053 年（天喜元年）	藤原賴通建築宇治的平等院鳳凰堂。
1069 年（延久元年）	朝廷發佈第四次莊園整理令，設立記錄莊園券契所。
1083 年（永保三年）	後三年之役開始。
1086 年（應德三年）	白河上皇設院廳，實行院政。

枕草子
Makura no sōshi；
The Pillow Book

日記體隨筆集，作者是清少納言。成書於十世紀末或十一世紀初，三卷。內容描述侍奉一條天皇的中宮定子在宮廷中的生活，發表自然觀和人生觀，以及記載一年的祭祀活動等。與《源氏物語》並稱平安時代女流文學的代表作。

平等院
Byōdōin

天台宗寺門派寺院。在京都府宇治市宇治川河畔。原為藤原道長的別墅，1052 年其子藤原賴通奉獻為寺院。相

繼建成鳳凰堂、法華堂等，後曾被毀，現存鳳凰堂和觀音堂。

源氏物語
Genji monogatari；
Tale of Genji

日本古典長篇小說。「物語」是「故事」的意思。由做過宮中女侍的紫色部於十一世紀初成書。共五十四卷，前四十四卷描寫皇子光源氏與他周圍女性的愛情糾葛，後十卷描寫光源氏之子董大將的戀愛故事。全書反映了貴族階層的政治、經濟、思想和生活狀況。此書是日本最優秀的古典文學作品，對日本後來的文學、藝術有一定的影響。現時京都有源氏物語博物館。

圖 15　《源氏物語》摘錄

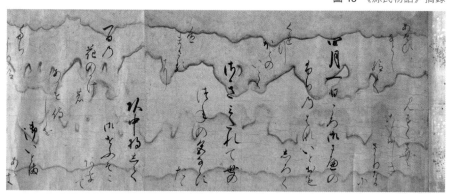

圖
16

源氏物語圖屏風（繪合、蝴蝶）

前九年之役

Zenkunen no Eki ;
Earlier Nine Years'
War

平安中期陸奧國豪族安倍氏發動的叛亂，由 1051 至 1062 年，前後經過十二年，所以又稱「十二年之役」，安倍氏作為俘囚之長，在陸奧六國世代採用半獨立的族長制統治。安倍賴良為首領時，對抗國司，攻打鄰近地區，不向朝廷交租朝貢和提供徭役，朝廷派源賴義、義家父子率兵問罪，賴良順服。安倍賴時為首領時，勢力強大，於 1056 年發動叛亂，次年戰死。其子貞任、宗任繼續叛亂，源賴義父子久攻不下，後來得到出羽豪族清原氏出兵，才於 1062 年徹底平定叛亂。清原氏由是成為陸奧六郡的統治者。

後三年之役

Gosannen no Eki ;
Later Three Years'
War

平安末期由 1083 至 1087 年的戰役，是繼前九年之役奧羽的內亂。前九年之役後，清原武則任鎮守府將軍，在陸奧（今福島、宮城、岩手、青森縣）伸張勢力。清原武則之孫清原真衡與異母弟家衡及異母先夫之子清衡（原姓亘理）相爭，真衡在出兵途中死去；家衡又與清衡相鬥，陸奧守源義家助清衡，1087 年消滅家衡。戰亂結束後，清衡任陸奧出羽押領使，傳領陸奧六郡。

院政

Insei ;
System of "cloister
government"

日本平安時代後期由退位天皇掌握政權的一種政治制度。天皇退位後稱上皇（皈依佛教的改稱法皇），其居處稱為院。院政一般分前後兩期：1086 年白河上皇開始設立「院廳」，擢用平氏武士，抑制攝政、關白勢力，至 1129 年，經過堀河、鳥羽、崇德三朝，歷時四十四年，為院政前期；其後，鳥羽上皇繼理院政二十七年，後白河上皇又理院政三十四年，因源、平爭霸，院政權勢漸衰，為院政後期。1192 年後白河上皇死，同年源賴朝建立鎌倉幕府。幕府時代雖斷續出現院政，但無實權。

源平爭霸——院政權勢興衰

1126 年（大治元年）	建立中尊寺的金色堂。
1156 年（保元元年）	保元之亂爆發。
1159 年（平治元年）	平治之亂爆發。
1167 年（仁安二年）	平清盛任太政大臣，平氏獨攬政權。
1175 年（安元元年）	法然開創淨土宗。
1180 年（治承四年）	源賴朝在伊豆舉兵反平氏。設侍所。
1181 年（治承五年）	平清盛死。
1183 年（壽永二年）	木曾義仲攻入京都，平氏逃往西國。
1184 年（壽永三年）	源賴朝在鎌倉設公文所、問注所。
1185 年（文治元年）	壇浦決戰，平氏滅亡。源賴朝獲准設守護、地頭職。

平清盛

Taira no Kiyomori；
1118 – 1181 年

日本平安時代末期的武將。平忠盛長子。繼父業為關西平氏武士集團首領。1156 年與源義朝助後白河天皇，平定保元之亂，權勢上升。1159 年在「平治之亂」中敗源義朝，使平氏勢力達到全盛時期。1167 年升任太政大臣，取代藤原氏控制朝政。次年因病出家，但平氏一族盡列高官，與皇室聯姻，權傾朝廷。1180 年富士川之役中，平氏為源賴朝所敗，次年平清盛抑鬱而死，平氏勢衰。

源平爭霸
Taira-Minamoto War

日本平安時代末期源、平兩氏爭奪政權之爭。保元之亂（1156 年）、平治之亂（1159 年）後，源氏失勢，平氏專權。平清盛的施政，引起地方武士的不滿。源氏利用武士，並聯合一部分皇族和僧俗舊貴族，於 1180 年進攻平氏。經多次戰役，至 1185 年屋島（今香川縣北部海島）、壇浦（下關海峽）之戰止，平氏一門幾盡被消滅。1192 年源賴朝正式開創鎌倉幕府。

圖 17
《石橋山、江島、箱根圖》。描繪源平爭霸的石橋山之戰後，源賴朝逃入山中，被敵人搜尋的場面。

源賴朝

Minamoto no
Yoritomo，
1147 – 1199 年

日本鎌倉幕府的第一代將軍，幕府政治的開創者。源義朝第三子。1159 年（平治元年）源義朝起兵反對平清盛，戰敗被殺，年僅十三歲的源賴朝被流放於伊豆，史稱「平治之亂」。1180 年源賴朝與岳父北條時政舉兵，敗平氏軍，以鎌倉為根據地，聚積力量。1185 年滅平氏，設置守護、地頭管理地方，以擴大其勢力。1192 年任征夷大將軍，正式建立鎌倉幕府。

圖
18

源賴朝像（神護寺藏）

源義經

Minmoto no
Yoshitsune，
1159 – 1189 年

日本平安時代末期的武將。幼名牛若丸、源九郎。父源義朝，母常盤，他是源賴朝的異母弟。1159 年平治之亂後被捕，後來在陸奧的藤原秀衡保護下長大成人。1180 年，響應其兄源賴朝起兵，參加黃瀨川之戰，其後在源義仲追討平家時立下最大功績。因接近後白河上皇等事情而與源賴朝不和，與叔父源行家共同舉兵而失敗，潛逃至平泉。

榮華物語

Eiga monogatari ;
Story of Splendor

平安後期的歷史小說。亦稱《世繼物語》，十一世紀成書。四十卷。作者不詳，或謂三十卷是赤染衛門所撰。內容主要描述宮廷貴族的生活，及藤原道長的榮華盛衰變遷。記事始自宇多天皇仁和三年（887 年），連同續編所載六十年，總共約二百年。

圖 19　榮華物語圖屏風

6

鎌倉時代

（1185-1333 年）

6 鎌倉時代

設立幕府——武家政治開始

1191 年（建久二年）	榮西從宋歸國，推廣禪宗。
1192 年（建久三年）	源賴朝任征夷大將軍，設立幕府（鎌倉幕府），武家政治開始。
1205 年（元久二年）	北條義時執政。藤原定家等《新古今和歌集》出版。
1219 年（建保七年）	源實朝被殺，源氏滅亡。
1221 年（承久三年）	承久之亂，流放後鳥羽上皇於隱岐。
1224 年（元仁元年）	親鸞創辦淨土真宗。北條義時死，北條泰時執政，設連署。
1225 年（元仁二年）	北條泰時設評定眾。
1227 年（安貞元年）	道元開創禪宗（曹洞宗）。
1232 年（貞永元年）	北條泰時制訂《關東御成敗式目》（《貞永式目》）。

鎌倉幕府

Kamakura bakufu；
Kamakura shogunate

日本歷史上第一個幕府，即源賴朝在鎌倉（今神奈川縣鎌倉市）建立的幕府。源賴朝於 1185 年消滅平氏，1192 年任征夷大將軍，正式建立鎌倉幕府，是為幕府政治之始。其體制以將軍與御家人結成主從關係為主幹，幕府下設執行政務的「政所」、掌管裁判的「問注所」和統率武士的「侍所」。地方置守護，掌軍事和裁判；莊園置地頭，負責徵稅和警務。第三代將軍絕嗣，後由皇族

等出任將軍。源賴朝死後，由北條氏世襲執權職，控制政權。由於京都朝廷和鎌倉幕府並存，遂醸成後來的承久之亂。鎌倉幕府在十三世紀末趨於衰敗，1333 年足利尊氏攻滅六波羅，新田義貞攻下鎌倉，鎌倉幕府被推翻。

征夷大將軍
Seii tai shōgun

①奈良時代和平安初期律令制國家為征服蝦夷而任命的總指揮官，是臨時性質的官職。②武家幕府首腦的職名，是表示武家棟樑地位的尊稱。1184 年源義仲受任，是武家得此稱號之始。1192 年源賴朝受任，建立鎌倉幕府後，征夷大將軍成為幕府首腦的專稱。1867 年德川慶喜「大政奉還」時，廢止此稱號。

守護
Shugo

鎌倉幕府設立的地方官職。1185 年由源賴朝正式設置。通常每國（大行政區）設一守護，掌管軍警、司法等。鎌倉末期，守護侵佔莊園，逐漸領主化。室町幕府時代勢力擴大，出現守護大名。應仁之亂後紛起爭雄，拒絕服從幕府，形成戰國時代的割據局面。

地頭
Jitō

鎌倉幕府設立的地方官職。意為土地之頭領。平安末期已有此職，1185 年由源賴朝正式設置。掌管莊園事務，徵收租賦，並在守護指揮下負治安之責。後又設若干地頭之總管，稱總領地頭；分領部分土地者，稱半分地頭、三分一地頭等。承久之亂後，逐步取代莊園領主。從南北朝起，顯著領主化，並逐漸成為有力守護的家臣。

御家人
Gokenin

①鎌倉幕府時期直屬於將軍的武士和家臣。擁有領地，輸納貢賦，平時輪值宿衛，戰時出征。將軍有權剝奪御家人的稱號和領地。②江戶時代沒有資格謁見將軍的直屬家臣。向將軍領取俸祿最高二百六十石，最低金四兩，並須負擔相應人數的軍役。

承久之亂
Jōkyū Disturbance

又稱「承久之變」，日本天皇與鎌倉幕府之間的鬥爭。承久三年（1221 年），後鳥羽上皇乘幕府發生繼承問題，尋藉口下令討伐，企圖奪取幕府權力。結果幕府的執權北條義時率領幕府軍攻陷京都，廢仲恭天皇，立後堀河天皇，後鳥羽、土御門和順德三上皇均被流放。幕府勢力趁機伸展到西部。此後幕府權力更加強化，皇室和貴族的莊園也歸幕府管轄。

承久之變
Jōkyū no Hen

即「承久之亂」。

淨土真宗
Jōdo Shinshū；
Jōdo Shin sect

俗稱一向宗、門徒宗，佛教淨土宗教派之一。鎌倉初期由親鸞開創，以阿彌陀如來為本尊，提出唸誦阿彌陀名號，而又尊崇聖德太子。江戶初期，分為東本願寺（大谷派）和西本願寺派（本願寺派）等，統稱「真宗十派」，教義和信仰基本一致。

北條氏
Hōjō family

日本鎌倉時代掌握實權的豪族。伊豆北條人氏。北條時政曾助其婿源賴朝舉兵敗平氏，並於 1192 年開創鎌倉幕府。1199 年源賴朝死後，內訌不止，北條氏仗勢操縱，1213 年起建立執權統治，世代襲任「執權」，控制幕府政治，幾獨佔六波羅探題（有權監視天皇）、九州探題等要職。鎌倉幕府末期（十三世紀中），據有全國半數守護職（約三十）。1333 年新田義貞軍入鎌倉，北條氏與鎌倉幕府同歸於盡。

圖 20　弘安之役時，鎌倉幕府將軍輔佐執政官北條時宗（1251－1284 年）撰寫的信件。

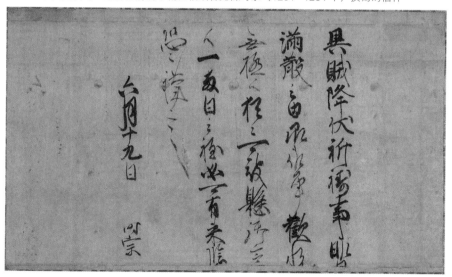

金澤文庫
Kanazawa Bunko

鎌倉時代橫濱的圖書館。北條實時（即金澤實時）建於其領地武藏金澤鄉莊（今橫濱市金澤區）的稱名寺內。始於1275年，收藏日本和中國書籍。1333年北條氏被滅後，藏書有散失。所藏圖書現尚存三萬餘冊，保存於神奈川縣立圖書館。

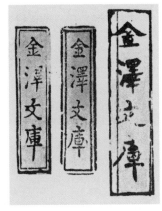

圖21　金澤文庫印

御成敗式目
Goseibai Shikimoku; The Formulary of Adjudications

又名《貞永式目》。鎌倉幕府的封建法典。1232年（貞永元年）頒佈，根據武士慣例和民間常法制訂。共五十一條，包括土地制度和守護、地頭職權的一些規定，及民刑訴訟等法規。最初只通用於幕府勢力區內，以後範圍擴大，成為武士政治的基本法，至江戶時代仍有影響。

貞永式目
Jōei Shikimoku

即「御成敗式目」。

御成敗式目
一 可修理神社專祭祀事
右神者依人之敬增威人者依神之德添運
然則恒例之祭祀不致陵夷如在之礼奠勿
令怠慢因玆於關東御分國々幷庄園者
地頭神主等各存其趣 致也兼又
有封社者任代々符小破之時且加修理

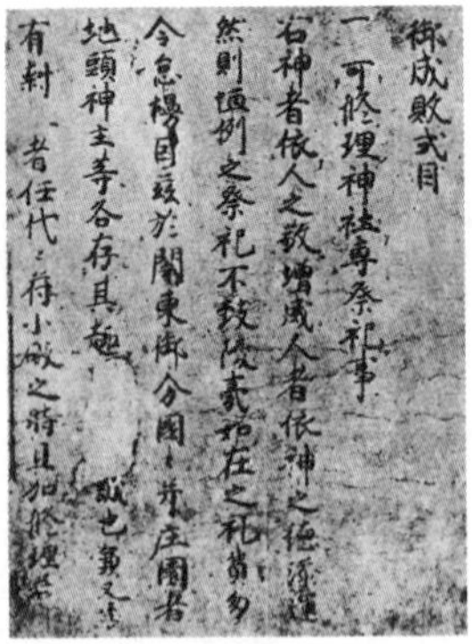

圖22　貞永式目

蒙古襲來——文永、弘安之役

1253 年（建長五年）	日蓮創辦日蓮宗（法華宗）。
1274 年（文永十一年）	忽必烈派元軍第一次攻打日本（文永之役）。
1281 年（弘安四年）	忽必烈派元軍第二次攻打日本（弘安之役）。
1297 年（永仁五年）	鎌倉幕府頒佈《永仁德政令》。
1324 年（正中元年）	後醍醐天皇策動倒幕的正中之變。
1331 年（元弘元年）	爆發元弘之亂。
1333 年（元弘三年）	鎌倉幕府倒台。

日蓮宗
Nichirenshū

亦稱法華宗。鎌倉中期日蓮所創辦的佛教宗派，是鎌倉佛教新宗派之一，總本山為甲斐國（山梨縣）久遠寺。所依據的最高經典為《法華經》，倡言眾生只要唱誦「南無妙法蓮華經」即可成為佛身。此說受到其他諸宗的攻擊。1253 年，日蓮宗在清澄山立教開宗。他在 1260 年著的《立正安國論》中批評幕府政治，進言按「正法」施政，否則將招致滅亡，觸怒幕府，因而遭受壓迫。日蓮宗及諸弟子的傳教活動，使日蓮宗逐漸發展起來，在關東地方的武士和商業者中廣泛傳播，鎌倉末期以後，其影響達於京都及西日本各地。戰國時代以後，勢力漸減；及至江戶時代，又告復興。在總本山之下，有三千六百間末寺。

圖 23　滋賀寶嚴寺法華經序品

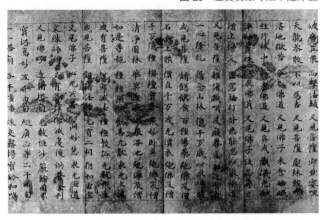

文永・弘安之役
Bun'ei and Kōan no Eki

文永十一年（1274 年）和弘安四年（1281 年）元軍兩次侵襲日本的戰役。忽必烈征服高麗之後，為攻略南宋，曾六次遣使日本，企圖要日本向元朝進貢，遭到拒絕。1274 年 10 月，元軍及高麗軍二萬三千人，乘戰船九百艘進攻日本，陷對馬、壹岐，在博多灣西部今津一帶登陸，遭日軍抵抗，元軍受挫。10 月 20 日退回戰船，當晚遇到颱風，戰船大多沉沒。1279 年南宋亡後，元朝兩次遣使到日本，使者竟被幕府斬殺。1281 年 5 月，元軍會同高麗軍、江南軍共十四萬人，戰船四千餘艘，分兵兩路，再次進侵日本，佔對馬、壹岐，在博多灣志賀島登陸。日軍防備甚嚴，元軍不得深入，退至鷹島。7 月初，元軍與遲來的江南軍會師，企圖進據博多灣。到 30 日夜，又突然起颱風，元軍兵船大部分沉沒，日軍乘機進攻，元軍慘敗，逃歸者僅三萬餘人。日本史上，稱此兩役為「蒙古來襲」。

永仁德政令
Ernin no Tokuseirei

鎌倉幕府頒佈的保護御家人利益的政令。鎌倉中期以後，隨著幕府經濟衰落，一部分御家人日漸貧困，將領地賣掉或轉讓，此舉動搖了幕府以御家人為社會基礎的統治。幕府於 1297 年（永仁五年）頒佈德政令，規定御家人不得買賣和轉讓領地，已經賣掉和轉讓的領地，無償歸還御家人，幕府不處理有關領地的訴訟。德政令頒佈後，表面上維護了御家人的權益，但無法從根本上挽救御家人趨於貧困的現象。幕府和御家人在經濟上持續惡化，是導致鎌倉幕府滅亡的重要原因之一。

正中之變
Shōchū no Hen；
Shōchū Conspiracy

正中元年（1324 年）後醍醐天皇企圖推翻幕府的事件。這一年的九月，後醍醐天皇召美濃國豪強土岐賴兼、多治見國長等人，到京都共商起兵倒幕，事洩，幕府六波羅探題派兵查抄土岐、多治見住所，以煽動推翻幕府罪迫二人自殺，隨後又逮捕參與倒幕計劃的田野俊基等人，且流放日野資朝至佐渡。

元弘之變
Genkō no Hen；
Genkō Incident

元弘元年（1331 年）後醍醐天皇策劃倒幕未遂的政變。正中之變後，後醍醐天皇繼續集結力量，力圖復興，這年年初，近臣吉田定房、萬里小路宣房、藤原藤房、日野俊基等準備再度倒幕；4 月末事洩，執權北條高時令六波羅府逮捕天皇等人。天皇逃至笠置山（今京都府境內），招兵對抗幕府，被捕後於次年流放到隱岐。幕府擁立光嚴天皇。1333 年 2 月，後醍醐天皇逃出隱岐，在足利高氏、新田義貞支持下，推翻了幕府統治。

圖
24

後醍醐天皇宸影（大德寺藏）

7 室町時代

（1333-1573年）

7　室町時代

足利尊氏——建立室町幕府

1334 年（建武元年）	後醍醐天皇實行建武新政。
1335 年（建武二年）	足利尊氏發動兵變反朝廷。
1336 年（南朝延元元年、北朝建武三年）	湊川會戰。後醍醐天皇移居吉野建立南朝朝廷，南北朝對峙開始。足利尊氏制訂《建武式目》。
1338 年（南朝延元三年、北朝曆應元年）	足利尊氏任北朝的征夷大將軍，建立幕府（室町幕府）。
1339 年（南朝延元四年、北朝曆應二年）	北畠親房寫成《神皇正統記》。

室町幕府
Muromachi bakufu；
Muromachi shogunate

又名「足利幕府」。1338 年足利尊氏任征夷大將軍，在京都室町建立的幕府。中央設管領，協助將軍總管幕府政事；地方置關東管領、九州探題。第三代將軍足利義滿時（1392 年），結束南北朝對峙局面，經濟文化一度繁榮，並控制對外貿易。應仁之亂後（1477 年），進入戰國時代，群雄割據，戰亂不休；並發生一向宗暴動、法華暴動等反封建鬥爭。1573 年被織田信長推翻。

足利幕府
Ashikaga bakufu；
Ashikaga shogunate

即「室町幕府」。因室町幕府是以足利氏為首腦的封建武士政權，故名。

建武式目
Kenmu Shikimoku；
Kenmu Code

足利尊氏於 1336 年制訂的施政綱領。共十七條，內容包括禁奢侈、鎮暴行、公正審判、選賢戒怠、興辦土倉等。其後室町幕府將 1338 至 1520 年間新頒佈的法令，編纂而成《建武式目追加》（又稱《建武以來追加》）二百一十條。該法令集是研究室町幕府政治，及南北朝社會經濟的珍貴史料。

建武式目追加

見「建武式目」條。

建武以來追加

見「建武式目」條。

管領
Kanrei；
Shogunate deputy

室町幕府官名。初稱執事，協助將軍總管幕府政事。長期由斯波、細川、畠山三氏世襲，稱為「三管領」或「三管」。同由赤松、一色、山名、京極四氏世襲侍所司的「四職」，合稱「三管四職」，為室町幕府體制的中心。應仁之亂後，三家勢衰，管領職位大多空缺。

堺市自治
Urban autonomy
of Sakai

日本中世紀自治城市的典型。初為相國寺莊園，室町時代發展為地方上的物資集散和交易中心。十四世紀末，取得按七百三十貫錢的固定數額承包年貢的權利，由富商主持市政自治。十五世紀晚期成為日本與明朝的貿易中心，並同朝鮮、琉球貿易。戰國時期僱用浪人武裝自衛，由三十六名富商組成的會議領導自治。1569 年，自治權被織田信長剝奪。

足利尊氏
Ashikaga Takauji，
1305 – 1358 年

日本室町幕府的創立者。本名足利高氏。1333 年背叛北條高時，攻滅鎌倉幕府的六波羅。在後醍醐天皇的「建武中興」中功列首位，賜名尊氏。1336 年另立光明天皇於京都（北朝），後醍醐天皇逃往吉野（南朝），是為南北朝對立之始。1338 年自立為征夷大將軍，在京都開創室町幕府。

南北朝
Northern and
Southern Courts

十四世紀（室町幕府初期）日本兩個皇統對峙的政治局面。1336 年足利尊氏在京都擁立持明院統的光明天皇，當時在位的大覺寺統的後醍醐天皇避往大和的吉野（今奈良縣南山區）。從此南朝（吉野）和北朝（京都）對峙，習慣上以南朝為正統。其後南朝勢力日衰，1338 年足利尊氏開創室町幕府，幾經周折，至 1392 年室町幕府第三代將軍足利義滿統一南北，南朝後龜山天皇退位，返回京都，僅存北朝後小松天皇，對峙局面結束。實權仍操於幕府。

楠木正成
Kusunoki
Masashige，
1294 – 1336 年

即楠正成，日本南北朝時代的南朝武將。幼名多聞丸，河內（今大阪府）人。1333 年擁護後醍醐天皇，滅北條氏，參與「建武中興」，任河內守和攝津、河內、和泉三國守護。一度壓服足利尊氏。1336 年足利尊氏再起，楠木正成參與討伐，初獲勝，後在湊川（神戶）兵敗自殺。被後人稱為武士道精神的典範。

楠正成

即「楠木正成」。

足利義滿 —— 幕府遣使赴明

1350 年（南朝正平五年、北朝觀應元年）	倭寇猖獗。
1368 年（南朝正平二十三年、北朝觀安元年）	足利義滿任征夷大將軍。
1378 年（南朝天授四年、北朝永和四年）	足利義滿遷至京都室町，營造花御所，自是始有室町幕府之稱。
1392 年（南朝元中九年、北朝明德三年）	南北朝統一。
1394 年（應永元年）	足利義滿任太政大臣。
1397 年（應永四年）	足利義滿建金閣；幕府遣使赴明。

足利義滿

Ashikaga
Yoshimitsu,
1358 – 1408 年

日本室町幕府第三代將軍。足利義詮子。1368 年繼位。在執事細川賴之的輔佐下，壓服反對派，改革政制，設立三管領、四職。1392 年結束南北朝對立，統一全國。與明朝貿易往來，是室町幕府的全盛時代。1394 年讓位給他九歲的兒子義持，自任太政大臣，仍握實權。1401年取締倭寇，與明朝建立正式貿易關係，並接受「日本國王」封號。統治期間，奢華糜費。推崇禪宗，後剃髮為僧，改名道義，居金閣寺。

北山文化
Kitayama bunka；
Kitayama culture

室町時期以足利義滿執政年間為中心而形成的文化。
年代約由十四世紀末至十五世紀初，因足利義滿在京都
北山建造山莊而得名。北山文化受中國宋、元文化的影
響，在傳統文化和新興武士文化中融合了禪宗文化。文
學方面，由禪僧倡導的漢文學——五山文學盛行；繪畫
方面，吸收宋、元畫風的水墨畫技法發達；建築方面，
建造了獨特的室町殿和金閣寺；藝能方面，正式形成了
能劇形式。以城市發展為基礎的市民文化逐步興起。

五山文學
Gozan bungaku；
Gozan literature

以鎌倉和京都五山的禪僧為中心的漢詩文創作，逐漸
形成風氣，是日本中世文學的主流，亦為江戶時代漢詩
文隆盛的主要源泉。一山一寧、虎關師煉、夢窗疏石是
其先導人物，繼有義堂周信、絕海中津，後期有瑞溪周
鳳、橫川景三。

金閣
Kinkaku

京都鹿苑寺內的建築物。南北朝時代，該地原是西園寺
家的別墅，1397 年，西園寺實永將地讓予足利義滿，加
以營建。其後改為禪剎，稱北山鹿苑寺。建築物分為三
層，塗以金箔。1950 年因火災被毀，1955 年重建。金閣
與湖水相輝映，成為著名的旅遊景點。

應仁之亂 —— 戰國時代開始

1404 年（應永十一年）	日明勘合貿易開始。
1428 年（正長元年）	德政一揆，農民起義波及各地。
1457 年（長祿元年）	太田道灌築江戶城。
1467 年（應仁元年）	應仁、文明之亂爆發（至 1477 年）。
1485 年（文明十七年）	山城國一揆，農民、國人起義。
1488 年（長享二年）	加賀國發生一向一揆（一向宗起義），建立「百姓掌權之國」。
1489 年（延德元年）	足利義政在京都東山建銀閣寺。

德政暴動
Tokusei ikki；
Tokusei Rebellions

也稱「土民起義」。十五、十六世紀日本農民和市民的暴動。暴動者佔領京都附近寺社，襲擊酒舖、典當舖，斷絕交通，要求室町幕府取消債務，減收捐稅，救濟貧民，頒佈所謂「德政令」。幕府被迫多次接受要求，重要暴動發生於 1428 年、1441 年、1467 至 1486 年和 1562 年。

土民起義

即「德政暴動」。

土一揆
Tsuchi ikki

「土民一揆」的略語。日本室町時代農民、町人的反封建起義。「一揆」意為團結，亦指農民結伙起義。1418年京都附近「馬借」（用馬駄運者）要求發佈「德政令」（取消債務），爆發起義。此後起義不斷發生，起義者襲擊領主和高利貸者，要求實行德政，減免夫役、年貢。較重要的大規模起義，有 1428 年、1441 年、1454 年、1457 年等幾次。

土民一揆

即「土一揆」。

江戶城
Edojō；
Edo Castle

今東京千代田區中的皇宮。古代屬武藏國豐島郡。平安末期至鎌倉時代，其地為江戶氏宅第。1457 年，太田持豐（道灌）始築城；其後，城主先後為上杉氏、北條氏。1590 年轉屬德川家康，江戶時代是幕府所在地，經七次擴建，成為日本最大的城。1868 年 9 月，明治天皇入城，改稱東京，定為皇宮（日文稱為「皇居」）。

應仁之亂
Ōnin no Ran；
Ōnin War

一稱「應仁文明之亂」。日本室町幕府末期封建統治集團之間的戰爭。從 1467 年（應仁元年）到 1477 年（文明九年），室町幕府管領細川勝元和所司山名持豐（寺全）兩派為將軍繼嗣問題進行內戰。結果細川得勝，但將軍及「三管四職」權力喪失，京都荒廢，莊園制崩潰，地方藩侯勢力增強，揭開了戰國時代的序幕。

應仁文明之亂 Ōnin-Bunmei no Ran	即「應仁之亂」。 ------
戰國時代 Sengoku jidai； Sengoku period	室町幕府後期戰爭頻繁的時代（1467 – 1573 年）。從 1467 年應仁之亂開始，至室町幕府滅亡。其間大名割據，戰亂不休，莊園制崩潰；同時農民、市民運動高漲，有一向宗暴動、法華暴動等反封建鬥爭。為日本史上社會、政治、經濟發生急劇變化的時代。最後織田信長、豐臣秀吉統一全國。 ------
雪舟 Sesshū Tōyō， 1420 – 1506 年	原名小田等楊。日本畫僧，有畫聖之稱。生於本州備中。十歲時在當地出家，開始學畫。後曾到京都，並師畫家周文。1466 年以雪舟為號。1467 年到中國，遊覽各地，接觸許多畫家和名畫。1469 年回國，入山口雲谷軒，創立「雲谷畫派」。其特點是汲取了中國宋元畫家的技藝，而又發展了寫實筆法。代表作有《四季山水圖》、《山水長卷》、《天橋立圖》等。 ------
小田等楊	日本畫僧雪舟的原名，見「雪舟」條。

圖
25

雪舟繪《山水圖（冬景）》（曼珠院藏）

山城國起義
Yamashiro no Kuni ikki；Yamashiro no Kuni Uprising

日本十五世紀最大的一次農民起義。1485 年畠山政長和畠山義就兩大封建主在山城國交戰，同年當地武士、農民發動起義，迫使雙方撤出軍隊，把寺社和其他莊園領地歸還原主，廢除新設關卡，並由三十六名代表實行自治，制訂法律，減免租稅。由於把持領導權的武士與農民的矛盾，內部分裂，1493 年伊勢早雲就任守護，自治結束。

後北條氏
Later Hōjō family

日本戰國時代的大名。1494 年伊勢長氏（早雲）攻入小田原（今神奈川縣），據此擴張勢力；其子氏綱始稱北條氏。為與鎌倉幕府「執權」北條氏相區別，稱後北條或小田原北條。

一向一揆
Ikkō ikki

又稱「一向宗暴動」，或作「一向宗起義」。十五到十六世紀間，日本信仰佛教一向宗（淨土真宗）農民的反封建起義。也有僧侶、武士參加。以加賀（今石川縣南部）為中心，遍及近畿、東海、北陸地區。大規模的有兩次：一、1488 年加賀國一向宗信徒十三萬（一說二十萬）圍攻守護富樫政親，迫其自殺，然後控制各郡約一百年。二、1570 年一向宗信徒以石山（今大阪市）本願寺為中心，與織田信長的軍隊激戰，1580 年被鎮壓。

一向宗
Ikkō shū

淨土真宗的俗稱。

東山文化

Higashiyama bunka ;
Higashiyama culture

室町時期以足利義政年間為中心而形成的文化。年代約為十五世紀中後期，因足利義政在京都東山建造山莊而得名。東山文化以閒寂幽雅的幽玄性為其特點，在傳統文化和新興武士文化中融合禪宗文化。建築方面，產生了以銀閣寺的東求堂為代表的書院造式樣；庭園構造方面，出現了西芳寺等富於禪宗風格的幽寂的佈局；文學方面，有飯尾宗祇的連歌；繪畫方面，有雪舟的水墨畫和著名狩野畫派；茶道、花道等也日益發展。東山文化成為現代日本的一個源流。

銀閣

Ginkaku

在京都左京區銀閣寺町慈照寺內，是足利義政建造的建築物。1489年完成。原計劃塗以銀箔，故有銀閣之稱。後改為禪寺，即慈照寺。淡雅諧和，富幽玄之美，是日本建築史上的傑作，亦為東山文化的象徵。

圖26 《傳足利義政像》

織田信長——推翻室町幕府

1543 年（天文十二年）	葡萄牙人到種子島，傳入鐵炮。
1549 年（天文十八年）	法國人皮薩羅到鹿兒島傳入基督教，西班牙傳教士沙勿略傳入天主教。
1560 年（永祿三年）	織田信長在桶狹間破今川義元。
1561 年（永祿四年）	上杉謙信與武田信玄在川中島交戰。
1568 年（永祿十一年）	織田信長廢止各國關所。
1571 年（元龜二年）	織田信長燒毀比叡山延曆寺。
1573 年（天正元年）	織田信長驅逐將軍足利義昭，推翻室町幕府。

鐵炮
Teppō

指使用火藥的步槍，即火槍。1543 年，葡萄牙人遇難船漂流至日本種子島，將所攜火槍贈予島主種子島時堯；次年島主命人學習火槍和火藥製法，其後迅速傳遍日本全國並廣泛生產。

織田信長
Oda Nobunaga，
1534 – 1582 年

日本戰國時代末期的著名武將，尾張大名。1551 年繼父位，不久統一尾張國。1560 年打敗豪強今川義元。又結識德川家康。1568 年擁足利義昭入京都，再興幕府。1573 年逐足利義昭，室町幕府被推翻。1576 年在近江築

安土城，遷於此。獎勵工商業，增加稅收；准許天主教傳教，排斥佛教勢力，曾鎮壓一向宗暴動。遣羽柴秀吉（豐臣秀吉）攻毛利氏，統一大半國土。後被部將明智光秀所殺。

圖 27　織田信長像（摹本）

桶狹間之戰
Okehazama no Tatakai；
Battle of Okehazama

1560 年，織田信長與今川義元在尾張國（今愛知縣）愛知郡桶狹間進行的戰鬥，以三千精兵偷襲今川義元二萬五千大軍，今川義元戰死。此役是織田信長建立霸業的開始。

川中島之戰
Kawanakajima no Tatakai；
Battle of Kawanakajima

上杉謙信與武田信玄為爭奪信濃國的支配權，在川中島對陣，由 1553 至 1564 年間，五次開戰，其中 1561 年的一次戰鬥，雙方共有三萬多人參戰，約有六千人戰死。最終信濃國的支配權仍掌握在武田信玄手中。

8

安土桃山時代

（1573-1600 年）

8　安土桃山時代

豐臣秀吉——統一日本全國

1575 年（天正三年）	織田信長、德川家康聯軍，在三河的長篠城決戰武田信玄之子武田勝賴，獲勝。
1576 年（天正四年）	織田信長築安土城。
1582 年（天正十年）	大村、大友、有馬三大名向羅馬教皇派少年使節。本能寺之變，織田信長被明智光秀殺死。豐臣秀吉在山崎戰役打敗明智光秀；實行太閤檢地（丈量土地）。
1583 年（天正十一年）	豐臣秀吉在賤岳破柴田勝家；修築大阪城。
1585 年（天正十三年）	豐臣秀吉任關白。
1587 年（天正十五年）	豐臣秀吉在京都建築聚樂第；驅逐基督教傳教士。
1588 年（天正十六年）	豐臣秀吉發佈「刀狩令」（上交武器令），沒收非武士的武器。鑄「天正大判」（金幣）。
1590 年（天正十八年）	豐臣秀吉平定全國，統一日本。

安土桃山時代

Azuchi-Momoyama jidai；
Azuchi-Momoyama period

織田信長和豐臣秀吉當權的時代。約自 1568 年（永祿十一年）織田信長入京都（一說 1573 年室町幕府滅亡），至 1598 年（慶長三年）豐臣秀吉死為止。因織田信長的統治中心在近江的安土城，豐臣秀吉的統治中心在京都的伏見城（桃山），故名。

織豐政權

Syokuhō
seiken

織田信長、豐臣秀吉所建立的政權。

豐臣秀吉

Toyotomi
Hideyoshi，
1536－1598 年

日本戰國時代末期統一全國的武將。尾張國愛知郡中村人。足輕（步卒）木下彌右衛門之子。1558 年追隨織田信長，任其部將，屢立戰功，稱羽柴氏。1582 年信長死後，戰勝競爭對手，成為他的繼承者，先後征服四國、九州等地。權勢日重，1585 年任關白，次年兼任太政大臣，賜姓豐臣。後經多次戰爭，於 1590 年滅北條氏，統

圖
28

豐臣秀吉像（高台寺藏）

一全國。實行清丈全國土地（檢地）和沒收農民所持兵器（刀狩）的政策，以加強統治。獎勵對外貿易，限制天主教傳播。1592年把關白之位讓給養子秀次，自稱太閣。同年入侵朝鮮，敗於李舜臣的龜船艦隊。1597年再度侵略朝鮮，亦失敗。次年死於伏見城（桃山）。

基督教大名
Kirishitan daimyō

亦作天主教大名，十五世紀末至十六世紀初信奉天主教的戰國大名和武將。他們接受天主教洗禮，改用教名，使用拉丁字母的印章及有十字架標誌的旗幟。著名的天主教大名，有九州的大友宗麟、大村純忠、有馬晴信，及近畿的小西行長、高山右近等。在豐臣秀吉和江戶幕府的禁教政策下，天主教大名陸續消失。

天主教大名

見「基督教大名」條。

天正遣歐使節
Tenshō Ken'ō
Shisetsu；
Mission to Europe
of 1582

九州天主教大名派往歐洲羅馬的少年使節團。1582年，大友宗麟等派伊東滿所、千石清左衛門等率團，成員都是少年。出發兩年後抵里斯本，至馬德里謁見西班牙國王，然後乘船到意大利，在羅馬謁見教皇。前後歷時八年半，至1590年回國，當時日本已開始禁教。不過，天正遣歐使節在日歐文化交流史上有一定的意義和作用。

狩野正信

Kanō Mosanobu，
1434 – 1530 年

室町後期畫家，日本繪畫史上最大流派——狩野派的創始人。年輕時已有盛名，以水墨畫著稱。後來成為室町幕府御用畫師。1483 年為幕府將軍足利義政的府邸繪製拉門畫，結合中國水墨畫與大和繪，內容則取材於世俗生活，迎合武士階級的趣味。代表作有《周茂叔愛蓮圖》等。

狩野元信

Kanō Motonobu，
1476 – 1559 年

室町後期的狩野派畫家，是狩野派集大成者。狩野正信長子，畫風受其父的影響，又在水墨畫中增添絢麗色彩，具有裝飾性，為新興武士階級所喜愛，歷任幾代幕府將軍的御用畫師。晚年指導其孫狩野永德，為安土桃山時代的繪畫發展作出貢獻。傳世作品有《山水花鳥圖》等。

狩野永德

Kanō Eitoku，
1543 – 1590 年

安土桃山時代的狩野派畫家。狩野元信之孫。十二歲時已受注意，先後擔任織田信長、豐臣秀吉的御用畫師。曾奉命裝潢和美化安土宮城的城堡及宮殿，並繪製壁畫，他在作品中以大量金葉作裝飾，甚至全部用金色做背景。作品有《洛中洛外圖屏風》、《唐獅子圖屏風》等。

出兵朝鮮——文祿、慶長之役

1592 年（文祿元年）	豐臣秀吉出兵朝鮮（文祿之役）。
1597 年（慶長二年）	豐臣秀吉再次出兵朝鮮（慶長之役）。
1598 年（慶長三年）	豐臣秀吉病死，日軍從朝鮮徹退。

文祿、慶長之役
Bunroku Keichō
no Eki ;
Invasions of Korea
in 1592 and 1597

豐臣秀吉出兵朝鮮的兩次戰役。文祿元年（1592 年）進攻朝鮮，因日軍不善水戰、朝鮮民眾奮起抵抗，及有中國明朝軍隊援助，結果停戰。慶長二年（1597 年），豐臣秀吉再度出兵，次年因他病逝而撤兵。

- - - - - -

文祿之役
Bunroku no Eki

豐臣秀吉統一日本全國後，為轉移國內矛盾，及最終征服明朝，於文祿元年（1592 年）以十六萬兵力出征朝鮮，在釜山登陸，北上佔領京城及平壤。次年年初，明朝軍隊來援，朝鮮李舜臣水師切斷了日本軍隊的補給線，迫使日軍同意議和，締結停戰協定，文祿之役結束。

- - - - - -

慶長之役
Keichō no Eki

文祿之役結束後，日本提出割讓朝鮮南部四郡、恢復勘全貿易等七條要求，明朝只同意封豐臣秀吉為日本國王，結果談判決裂。慶長二年（1597 年），豐臣秀吉以十四萬軍隊再次出征，在中、朝聯軍反擊之下，日軍失利，因豐臣秀吉病死而全部撤退。

9 江戸時代

（徳川時代；1600-1868年）

9 江戸時代

關原之戰——德川家康稱霸

1600 年（慶長五年）	關原之戰，德川家康開始稱霸。
1603 年（慶長八年）	德川家康任征夷大將軍，建立江戶幕府（又稱德川幕府）。出雲的阿國表演歌舞伎。
1604 年（慶長九年）	幕府修建東海、東山、北陸的公路，修築一里塚。
1609 年（慶長十四年）	荷蘭人在平戶進行貿易。
1612 年（慶長十七年）	幕府頒佈基督教禁令。
1613 年（慶長十八年）	支倉常信出使羅馬。
1614 年（慶長十九年）	豐臣氏與德川氏相鬥。
1615 年（元和元年）	豐臣氏被打敗。頒佈「一國一城令」，制訂《武家諸法度》和《禁中並公家諸法度》。

江戶幕府

Edo bakufu；
Edo shogunate

亦稱「德川幕府」，是日本最後一個幕府。德川家康打敗豐臣秀賴一派後在江戶（今東京市）建立的政權（1603 – 1867 年）。對內抑制藩侯，集大權於幕府。封建壓迫剝削不斷激起農民起義，其中以島原起義最著。為限制外來影響，十七世紀初禁信基督教，1639 年實行鎖國政策。由於政局安定，元祿年間（1688 – 1704 年）經濟文化繁榮。十八世紀國內出現資本主義生產關係，封

建制漸趨於衰落。十九世紀中期，英、法、美、俄等國迫使幕府訂約通商，取得在日特權，幕府統治動搖。繼而發生「尊王攘夷」運動。1867年，第十四代將軍德川慶喜被迫還政天皇，結束幕府制度。

圖29　江戶城古圖

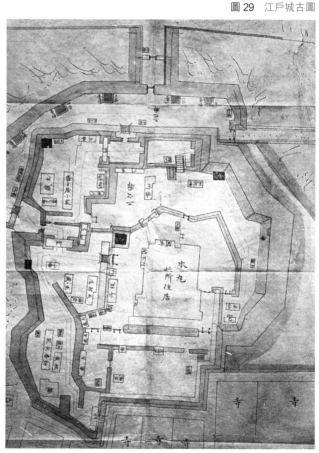

德川幕府
Tokugawa bakufu ;
Tokugawa shogunate

即「江戶幕府」。

幕藩體制
Bakuhan taisei ;
Bakuhan system

日本江戶幕府特有的政治體制。1603 年德川家康建立江戶幕府後，經第二、三代將軍實施諸法度和鎖國令，把幕藩體制確立起來：以將軍為首的幕府掌握全國政權，佔有全國四分一的領地（七百萬石）、主要城市和重要礦山，有直屬兵力約八萬人，設老中等官職協助將軍；諸藩大名受幕府統制，並須承擔土木工程和軍役，履行參覲交代，但有一定的內政自主權；以村為單位向農民徵收實物年貢，並實行嚴格的封建身分等級制和鎖國政策。因政局安定，至元祿年間（1688 - 1704 年）經濟文化繁榮。其後由於商品經濟的侵蝕和政治的腐敗，統治危機日益加劇。1853 年日本被迫開國，與列強簽訂不平等條約，國家陷入半殖民地化危機，1867 年江戶幕府結束。

藩
Han ;
Daimyō domain

指日本江戶時代大名統治的領域及機構。藩是為江戶幕府藩屏之意。1702 年新井白石著《藩翰譜》，始用此稱，共有二百六十至二百七十個藩，藩主稱大名。其後明治政府於 1871 年廢藩置縣。

旗本
Hatamoto

日本德川幕府時，食封一萬石以下，但有資格謁見將軍的直屬家臣。旗本大多有領地，據 1772 年調查，共5,200 人，其中領地一百至五百石者佔 60%。領地三千石

以下者，一般由幕府代管代收年貢。旗本可任幕府行政職務，與御家人一起，構成幕府的基本軍事力量。

參觀交代
Sankin-kōtai

日本江戶時代大名定期在江戶參觀的制度。幕府藉此控制大名。1602 年即已開始，1635 年德川家光修改《武家諸法度》，使之制度化，規定一般大名分為兩批，一批在江戶參觀，一批在本藩，每年對換一次。大名之妻、子，則長住江戶作人質。1862 年後此制度趨於鬆弛。

勘定奉行
Kanjō bugyō

江戶時代官名。掌管幕府財政，亦主管幕府直轄領地的賦稅、訴訟等。與町奉行、寺社奉行並稱「三奉行」。

名主
Nanushi

平安時代由莊民、公民中分化出來而佔有土地的人。平安時代中期，班田農民分化，口分田、墾田私有化。國家不再按人身而按土地徵稅，登記土地課役負擔人的名字。登記入冊的土地稱「名田」（私有田），土地所有者稱「名主」。江戶時代的村長，通常在關東稱「名主」，在關西稱「莊屋」。幕府直轄都市的町政人員，則稱「町名主」。

名田
Myouden

江戶時代登記入冊的土地（私有田）。

莊屋
Shōya

江戶時代關西地區對村長的通稱。

町名主
Chōnanushi

江戶時代幕府直轄都市的町政人員。

町人
Chōnin

江戶時代的商人，也包括手工業者。廣義的町人，兼有城市居民之意。

關原戰役
Battle of Sekigahara

德川家康與石田三成（豐臣秀賴一派）為建立德川幕府奠定基礎的一次關鍵性戰役，是封建領主集團之間為爭奪霸權而進行的戰爭。豐臣秀吉死後，形成德川家康與石田三成的對立，1600 年 9 月 15 日，雙方軍隊在美濃關原（今岐阜縣）會戰。德川家康的東軍有十萬餘人，石田三成的西軍有八萬人，結果西軍因有人叛變而大敗，石田三成、小西行長被俘處斬，其支持者歸順德川氏，豐臣氏失勢。1603 年德川家康開創江戶幕府。

武家諸法度
Buke Shohatto

江戶幕府為統治大名而發佈的法規總稱。德川家康於消滅豐臣家族當年，在伏見城召見各地大名，並以第二代將軍德川秀忠名義，發佈大名必須遵守的規章制度，包括禁止增建新城、私自締結婚姻，以及定期謁見將軍等。第三代將軍德川家光時，增為二十一條。其後每代

將軍就任時，都有進行增訂或修改。違反者會受到嚴厲懲罰。1683 年後，也適用於旗本、御家人。

出雲阿國
Izumo no Okuni，
1572 – ？年

安土桃山時代初期的歌舞伎女演員。據傳原本是出雲大社巫女，為修復社殿到京都勸募，演出念佛踊，後來嫁給狂言師三十郎（或稱三九郎），得到丈夫的幫助，使念佛踊舞台化，其形式為唱神歌、小曲，而伴以舞蹈。初時在京都四條橋東詰演出，後來在北野神社設舞台，成為以歌謠相伴的民眾舞蹈，稱為「歌舞伎踊」，1607年到江戶和小田原演出，受到普遍歡迎。因模仿者甚多，在十六世紀初達於全盛時期。

歌舞伎
Kabuki

道白、音樂、舞蹈相結合的戲劇形式。十七世紀初產生，最初由婦女演出，稱為「女歌舞伎」；1629 年因被認為有傷風化而遭禁，改由男童演出，稱為「若眾歌舞伎」（少年歌舞伎）。1652 年再遭禁，翌年出現「野郎歌舞伎」，由剪去瀏海的男子演出，開始注重演技和劇目內容。元祿年間確立表演形式，江戶末年達於極盛。

浮世繪
Ukiyoe

江戶時代形成並且達於鼎盛的一大畫種，屬庶民風俗畫，源於安土桃山時代的大和繪畫風，而由市井畫師發展起來。

頒鎖國令——只與中荷通商

1629 年（寬永六年）	長崎舉行「踏繪」（踏畫）。
1630 年（寬永七年）	禁止進口有關基督教的洋書。
1633 年（寬永十年）	正式頒佈鎖國令，禁止朱印船以外的船舶渡航海外。
1634 年（寬永十一年）	長崎修建出島，作為葡萄牙人住居街。
1635 年（寬永十二年）	制訂參觀交替制度。禁止海外日本人歸國。
1637 年（寬永十四年）	島原、天草起義。
1639 年（寬永十六年）	禁止外貿，只許與中國、荷蘭通商。
1641 年（寬永十八年）	荷蘭的平戶商館遷至長崎出島。

踏繪
Fumie

江戶時代搜查基督教徒的一種做法，主要在基督徒較多的九州地區推行。以鑲有基督和瑪利亞畫像的木板，令可疑者踐踏，藉此測試是否教徒，不敢或拒絕踐踏畫像的人，即予以逮捕。

出島
Dejima

江戶時代在長崎港內填造的人工島，作為鎖國時期荷蘭商人的居留地，是與西方進行貿易的唯一窗口。向陸地的一側，架有小橋通往長崎江戶町。除特許的官員和商人外，嚴禁日本人進入。

鎖國政策

National Seclusion Policy

亦稱「鎖國令」，日本江戶幕府禁止對外交通和貿易的政策。十六世紀中期起，葡、西、荷、英等國到達日本進行傳教和貿易。江戶幕府為鞏固統治，曾限制外商活動並禁止民眾信仰基督教；島原起義後，教禁愈嚴。1633 年、1634 年、1635 年、1636 年及 1639 年先後五次頒佈鎖國令。措施包括：禁止西方傳教士入境和傳教；禁止僑居海外的日本人回國；禁止建造大船，全面封鎖日本人外航；嚴禁與外國通商，僅許與中國、荷蘭在長崎一港作有限度的貿易，貿易品種、數量亦受限制。從此日本「鎖國」達二百年之久，直到十九世紀中期「安政條約」訂立時止。

圖 30

長崎是日本鎖國時期唯一的對外港口，圖為荷蘭商船進入長崎港口的畫作。

鎖國 Sakoku	即「鎖國政策」。

朱印船 Shuinzen； Vermilion seal ships	又名「御朱印船」。日本持有豐臣秀吉、德川幕府將軍「朱印狀」，即朱紅印執照，獲得特許對外貿易的商船。1592年豐臣秀吉時確定此制，多用於東南亞貿易。江戶幕府建立之初，因鼓勵對外貿易，朱印船增至約三百六十艘，其貿易遠達越南、馬來亞、暹羅、菲律賓等地。船主多為九州大名和大阪、長崎豪商。德川家康曾發朱印狀給中國商人，以促進對明朝通商。鎖國令頒行後被廢止。

朱印船貿易 Shuinzen Bōeki	見「朱印船」條。

圖31　末吉船圖。末吉孫左衛門獲幕府發給朱印狀，進行海外貿易。

德川家康
Tokugawa Ieyasu，
1542 – 1616 年

日本江戶幕府的創建者。三河岡崎城主松平廣忠之子。早年結識織田信長，支持他的統一事業。1566 年改姓德川。1590 年隨豐臣秀吉滅北條氏，領有關東八州，築江戶城，為豐臣氏「五大老」（最高顧問）之首席。豐臣秀吉死，輔豐臣秀賴。1600 年關原戰役打敗秀賴一派，掌握全國大權。1603 年任征夷大將軍，開幕府於江戶。1605 年把將軍職位讓給兒子德川秀忠，但仍掌握實權。1615 年滅豐臣氏，次年病死。

島原起義
Shimabara
Uprising

又名「天草起義」。江戶幕府初期的大規模農民起義。1637 年 10 月，九州西部島原半島和天草島的農民（多信奉天主教），因不堪殘酷剝削和宗教迫害，以年僅十六歲的天草時貞（益田四郎時貞）為首，發動武裝起義。起義者約三萬八千人，佔據島原城，奪取領主糧食，準備進攻長崎。幕府調集十幾萬大軍，並借助荷蘭軍艦炮轟城壘。1638 年 2 月，起義被鎮壓，時貞和農民一萬多人被殺。隨後幕府加緊迫害天主教徒，並於 1639 年頒佈鎖國令。

天草起義
Amakusa Uprising

即「島原起義」。

德川光圀——提倡大義名分

1649 年（慶安二年）	幕府為統治農民，發佈《慶安御觸書》。
1651 年（慶安四年）	由井正雪等發動慶安事件。
1657 年（明曆三年）	江戶發生明曆大火災，死亡十萬人。德川光圀修史局，開始編纂《大日本史》。
1687 年（貞享四年）	幕府第五代將軍德川綱吉發佈《保護生類令》，禁殺一切動物，該令在 1709 年他死後廢止。

古學派
Kogakuha

日本德川時代新儒學流派的總稱，包括伊藤仁齋的古義學、荻生徂徠的復古學等學派。其基本立場是排斥程朱、陸王，強調恢復先秦孔孟原義。古學派門生眾多，對後來國學的形成有重要影響。

水戶學
Mitogaku；
Mito school

日本江戶時代在水戶藩形成的、以尊王論為核心的思想體系。第二代藩主德川光圀發起編纂《大日本史》，按朱熹的學說提倡大義名分。江戶幕府末年，以藩政改革家會澤安志齋、儒學家藤田東湖為代表，將尊王論與實際政治相結合，以大義名分論來防止幕藩體制的瓦解，又把「尊王」同「攘夷」並提。但其尊王攘夷論卻成為改革派武士反對幕府、反對侵略的思想武器。

| 慶安事件
Keian Jiken；
Keian Incident | 浪人策謀推翻江戶幕府事件。慶安四年（1651年），德川家光死後，十一歲的德川家綱繼任為將軍，不滿時勢的貧困武士由井正雪、丸橋忠彌等欲謀乘機起事，企圖縱火佔領江戶城及搶奪軍用款項，因事洩未遂，丸橋忠彌等被捕，由井正雪切腹自殺，受株連者二千餘人。 |

| 德川光圀
Tokugawa
Mitsukuni，
1628 – 1700 年 | 江戶前期的水戶（今茨城縣）藩主。德川家康之孫，德川賴房第三子。禮聘明末學者朱舜水，傳授實學；創設彰考館，編纂《大日本史》。對水戶學的形成起了重大作用。 |

| 大日本史
Dai Nihon shi；
Great History
of Japan | 水戶藩主德川光圀組織編纂的史書。1657年在江戶駒籠藩邸設置史局，後來遷至小石川藩邸，改稱彰考館，命史家安積覺、栗山願、會澤安等編纂，至1906年完成。共三百九十七卷，仿效中國《史記》，分為本紀、列傳、志、表四部；以萬世一系的皇統為原則，採朱子學的大義名分史觀，對幕末尊王論產生較大影響。 |

| 朱舜水
Shu Shunsui，
1600 – 1682 年 | 明末清初定居日本的中國學者。1659年赴長崎，1664年應水戶藩主德川光圀之邀，赴江戶和水戶，講解儒家經典及傳授中國禮儀，水戶學的實學主義、尊王思想，都受他的影響。 |

享保改革——加強幕藩體制

1702 年（元祿十五年）	赤穗（今兵庫縣）浪人武士四十七人為主君報仇。
1716 年（享保元年）	德川吉宗任將軍，實行享保改革，進一步加強幕藩體制。
1717 年（享保二年）	大岡忠相（越前守）任江戶町奉行。
1720 年（享保五年）	放寬禁書令，准許基督教以外的漢譯洋書進口。
1732 年（享保十七年）	開始生產棉布。
1733 年（享保十八年）	米價暴漲，江戶發生搗毀暴動。
1742 年（寬保二年）	規定審判、刑罰的《公事方御定書》問世。

蘭學
Rangaku；
Dutch Learning

指江戶時代前夕至明治初年傳入日本的西方近代科學文代知識。十六世紀中至江戶初期，由葡萄牙、西班牙人和天主教士傳入，稱「南蠻文化」。鎖國後遭禁。1720年，將軍德川吉宗提倡實學，允許輸入與天主教無關的荷蘭文化書籍。此後蘭學興起，並從醫學擴大至歐洲近代自然科學的其他學科。共有蘭學翻譯者一百餘人，譯書約五百部。一些先進知識分子曾遭幕府鎮壓。1853年日本「開國」後，興起包括蘭學在內的西洋學，研究範圍也擴大到人文學科。

南蠻文化
Nanban bunka

日本指十六世紀中期以後約一百年間，由西方傳教士及商人傳到日本的文化。

洋學
Yōgaku；
Western Learning

西洋學術的總稱，主要以指以自然科學為中心的近代西方科學。在日本，洋學包括江戶時代初期的南蠻學、江戶中期的蘭學和幕府末年的歐美洋學。

享保改革
Kyohō no Kaikaku；
Kyohō Reforms

江戶幕府將軍德川吉宗為加強幕藩體制而進行的改革。重頒《武家諸法度》，公佈《改新政務呈報令》，設立民眾申訴「目安箱」（直訴箱），廣開言路。經濟方面，獎勵墾荒及種植經濟作物，設米糧市場以穩定米價，及統一貨幣等。文教方面，獎勵學問和教育，出版書籍，許可漢譯洋書傳入。改革取得若干成效，對穩定幕藩體制起了一定作用。

大岡忠相
Ōoka Tadasuke，
1677 – 1751 年

江戶中期的官員。初為山田（今群馬縣）奉行，1717 年任江戶町奉行，1736 年任寺社奉行，1748 年為三河西大平（今愛知縣）藩主。得到幕府將軍德川吉宗重用，以公正裁判、整頓市政和制訂經濟政策聞名，作為近臣身分，在享保改革中起了重要作用。

國學興起——探求民族精神

1772 年（安永元年）	田沼意次任老中。
1774 年（安永三年）	杉田玄白、前野良澤翻譯《解體新書》。
1776 年（安永五年）	平賀源內製作發電機。
1782 年（天明二年）	天明大飢荒，餓死者甚多（至 1787 年）。
1787 年（天明七年）	松平定信任老中。
1789 年（寬政元年）	松平定信進行寬政改革。
1791 年（寬政三年）	林子平出版《海國兵談》。
1792 年（寬政四年）	俄國使節拉克斯曼到北海道根室求通商。
1798 年（寬政十年）	本居宣長《古事記傳》出版。

國學

Kokugaku；
National Learning

江戶時代中期興起的學術研究體系。源於傳統的歌學、和學，在古典研究中排除儒家和佛家的影響，按照古典記載的原貌，探求日本民族精神的根源，即所謂「古道」，主張「古道之神道」。代表人物和作品有契沖及其《萬葉集代匠記》、本居宣長及其《古事記傳》，此外還有賀茂真淵、平田篤胤等學者。國學對水戶學和幕府末期的尊王攘夷思想產生巨大影響，對神道復興亦起了重要作用。

古事記傳
Kojiki den

本居宣長著,是《古事記》的註釋書。1764 年著手編撰,1785 年開始刊行,1798 年寫成,至 1822 年刊畢。本居宣長認為,《古事記》保存了日本古代的精神,因而繼承其業師賀茂真淵的夙志,以國學思想為指導,傾注畢生精力完成此書。共四十四卷,奠定了日本國學古典研究的基礎。

解體新書
Kaitai shinsho

江戶時期最初翻譯和刊行的醫科解剖學著作。根據德國克爾穆斯(Johann Adam Kulmus)著《解剖學》的荷蘭文譯本,由前野良澤、杉田玄白、桂川甫周等改譯成日文。共四卷,另有解剖圖譜一卷,於 1774 年出版,對日本醫學界和自然科學界的革新有很大影響。

海國兵談
Kaikoku heidan

江戶時期林子平著兵書。1791 年出版,共十六卷,主張加強國防和軍備,闡明海國日本必須重視海戰、炮戰及水戰的重要性。幕府以妄談國防罪,沒收該書的木刻板及監禁作者,列為「寬政異學之禁」。

松平定信
Matsudaira Sadanobu,
1758 – 1829 年

江戶時代後期的藩主。幕府將軍德川吉宗之孫,白河藩主松平定邦的養子。繼任藩主後,任幕府首席老中,輔助將軍德川家齊實行寬政改革,緊縮財政、抑壓商業資本、開墾荒地,但遭批評,被迫辭職,此後專理藩政。

江戶時代的思想家

藤原惺窩
Fujiwara Seika，
1561 – 1619 年

江戶時代初期的思想家，是日本儒學基礎的奠基人。講學以朱熹的學說為主。但並不排斥陽明學，並按儒學來解釋神道。他的學生林羅山後來成為日本朱子學的代表。著作有《文章達德綱領》、《惺窩文集》等。

林羅山
Hayashi Razan，
1583 – 1657 年

江戶時代初期的思想家，朱子學的代表。藤原惺窩的學生。歷事四代德川將軍，參與幕府機要。認為陽明學是「儒中之禪」，而加以排斥。根據四書五經的朱熹註做了不少的日文註釋。他的所謂大義名分的封建倫理思想，就是從中國古代的「三綱五常」演變出來的。他還批判佛教和基督教，研究了神道論和歷史，全面發展了日本儒學，對後世有很大影響。著作有《大學要旨》、《四書集注抄》、《本朝編年錄》等。

中江藤樹
Nakae Tōju，
1608 – 1648 年

江戶時代初期的思想家，日本陽明學派的首創者。早年學習朱子學。1644 年始讀《陽明全書》，即以王陽明的學說為宗。講學於近江（今京都附近），宣揚良知說，反對佛學，主張孝為萬事之本，修養以內省為主。著作有《翁問答》、《大學解》等。

江戶時代的思想家

山崎闇齋
Yamazaki Ansai，
1618 – 1682 年

江戶時代初期神道思想的傳播者。早年講學以朱熹學說為主。晚年信仰日本神道，用宋儒思想附會神道，開創垂加神道一派。著作有《垂加文集》、《文會筆錄》等。他的神道思想，後為軍國主義者所利用。

———

伊藤仁齋，
Itō Jinsai，
1627 – 1705 年

江戶時代初期的思想家。早年學習朱熹的學說。後來轉而反對朱熹唯心主義的理先氣後說。主張天地之間，一元氣而已。所謂「理」，只是氣中之條理。並說：天地乃「一大活物」，「人同草木生，亦當同草木腐」。認為性理之說並非孔孟原意，主張恢復古義，是古義學派的創始者之一。他特重《論語》、《孟子》二書，強調以仁義為本，重視教育和實行。著作有《童子問》、《仁齋日記》、《論語古義》、《孟子古義》等。

———

貝原益軒
Kaibara Ekiken，
1630 – 1714 年

江戶時代初期的思想家。早年專講朱子學，晚年對二程、朱熹表懷疑，轉而接近於張載的思想。主張理氣不可分。認為天地之間，都是一氣，理是氣之理，理氣決是一物，且無先後，無離合；並認為氣

聚則人生，氣敗則人死。他對本草學、醫學等也有研究。著作有《益軒十訓》、《大和本草》、《慎思錄》、《大疑錄》等。

———

室鳩巢
Muro Kyūsō，
1658 – 1734 年

江戶時代中期的思想家。長期任德川幕府儒官。受朱熹的客觀唯心主義思想影響很深，固執朱熹的理先氣後說，批判唯氣論。但也認為事物的運動發展由於氣，說「此氣，四時行焉，萬物生焉，動而不息」，因而有堅持理氣合一的一方面。反對王明陽的主觀唯心主義和佛教的神秘主義。著作有《駿台雜話》等。

———

荻生徂徠
Ogyū Sorai，
1666 – 1728 年

江戶時代中期的思想家。崇信六經、孔子、「先王之道」。主張「敬天」、「有鬼神」等。但又主張並無本然之性，獨有氣質之性；理無形，故無準；先王之教，以物不以理。與伊藤仁齋同樣主張恢復孔孟學說的古義，但仁齋以仁義為本，徂徠則崇禮樂，重功利。曾為幕府劃策，維持封建統治。著作有《蘐園隨筆》、《辨道》、《論語徵》、《太平策》等。

江戶時代的思想家

安藤昌益
Andō Shōeki，
1701－？年

江戶時代中期的思想家和無神論者。終生在鄉間行醫。在自然觀方面，主張氣一元論，認為自然是一氣之進退，氣乃萬物產生的根源，而陰陽即一氣進退的異名。認為自然界是經常變化的，反對宋儒的「無極而太極」說和佛教的「輪迴」說，否定有統治萬物的神存在。在社會觀方面，同情封建統治下農民的痛苦，認為人本來沒有貴賤貧富之別。主張一切人都參加農耕生活，淘汰一切「不耕貪食」之徒。著作有《自然真營道》、《統道真傳》等。

——

三浦梅園
Miura Baien，
1723－1789 年

江戶時代中期的思想家。終生在鄉間行醫，研究天文、數學。在哲學上，認為「宇宙，氣也；天地，物也」。一切事物的質料是「氣」，「氣」凝結而為「體」，即成為「物」，而物則具有性質，即「性」。物、性、體、氣四者混合，即成為一切現象。並主張「反觀合一」，具有辯證法思想。著作有《玄語》、《贅語》、《敢語》等。

圖 32　三浦梅園

江戶時代的思想家

賀茂真淵

Kamo no
Mabuchi，
1697 – 1769 年

江戶時代中期的國學者、國學思想家。在荷田春滿門下學國學，後來到江戶研究並教授國學。退休後完成了大量著作，並培養出本居宣長等許多門人。他運用荻生徂徠的古文辭學，從古典的訓詁註釋，轉為以新的古道學為中心的國學思想，使國學成為與儒學相對立的思想體系。著《萬葉考》、《國意考》、《語意考》等，有《賀茂真淵全集》。

———

本居宣長

Motoori
Norinaga，
1730 – 1801 年

江戶時代中期神道思想的傳播者。排斥儒家學說，宣傳日本神話中的神秘主義。提倡尊王觀念和日本神國的思想。著作有《古事記傳》、《玉勝間》等。

———

山片蟠桃

Yamagata
Bantō，
1746 – 1821 年

江戶時代末期的思想家。幼時為大阪富商家僮，曾習儒家和天文學，並對蘭學（自荷蘭傳來的西方學術）頗有心得。晚年以十九年的時間，著成《夢之代》十二卷。書中論述天文、地理、歷史、制度、經濟、陰陽、鬼神、疾病等項；宣傳日心說，有無神論思想，介紹歐洲科學，對神道、佛教、儒家思想都加以批判，在當時有一定的啟蒙作用。

江戶時代的思想家

鎌田柳泓

Kamada Ryūō，
1754－1821 年

江戶時代末期的思想家。在京都行醫，學習西洋學術。認為「天地，一氣也」，知識產生於感官，而感官又為神經所統率，有唯物主義的思想。但未能完全擺脫傳統觀念的束縛和程朱之學、佛學的影響。著作有《理學秘訣》、《心學奧棧》等。

————

海保青陵

Kaiho Seiryō，
1755－1817 年

江戶時代末期的思想家。主張以商品經濟的發展為前提來改革封建制度，站在這一立場上批判了當時的儒學。他認為信守「先天」規範、拘泥於「古語」而無「活智」的儒者，不能解決任何現實政治經濟問題。提倡治民必須兼用法術，宣稱：「法者宛如穩健忠實之老人，術者猶如機智靈敏之智者。兩者缺一，國將不治。」著作有《稽古談》、《萬屋談》等。

蠻社之獄——尚齒會遭鎮壓

1800 年（寬政十二年）	伊能忠敬測繪北海道。
1804 年（文化元年）	俄國使節雷扎諾夫到長崎求通商。
1808 年（文化五年）	英國船「法厄同」號到長崎。間宮林藏到樺太探險。
1811 年（文化八年）	幕府設立蘭學譯書局，開始翻譯《厚生新編》。
1821 年（文政四年）	伊能忠敬完成《大日本沿海輿地全圖》。
1823 年（文政六年）	德國醫生西博爾德到長崎，任荷蘭商館副醫官，開設鳴瀧塾。
1825 年（文政八年）	幕府趕走外國船舶。
1832 年（天保三年）	發生天保大飢荒。高野長英等組織「尚齒會」（蠻學之社）。
1837 年（天保八年）	爆發大鹽平八郎之亂。
1839 年（天保十年）	尚齒會因批評幕政遭鎮壓，渡邊華山、高野長英被判刑，稱「蠻社之獄」。
1841 年（天保十二年）	老中水野忠邦實行政治改革（天保改革）。

大鹽平八郎

Ōshio Heihachirō，
1793 – 1837 年

日本人民反江戶幕府的起義首領。本名後素，號中齋。十四歲襲父職，任大阪維持地方治安的低級官員。公餘在家設塾，名「洗心洞」，宣揚王陽明的學說。1830 年

退職，著有《古本大學刮目》、《洗心洞札記》等書。1836 年（天保七年）大飢，民不聊生。平八郎結合同道，準備起義。因被告密，1837 年 3 月 25 日倉卒在大阪起義，率領城市貧民約三百人攻打米店和富商住宅，將糧食分給貧民。起義旋被鎮壓。3 月 27 日，平八郎父子自殺，但這次起義打擊了幕府的統治，後來一再有人自稱是平八郎的同黨，發動起義。

伊能忠敬
Inō Tadataka，
1745 – 1818 年

江戶中期的地理學者。好曆學，作天文觀測。1795 年到江戶，跟隨幕府天文方高橋至時學習曆學。因感到海防的重要，向幕府申請測量蝦夷地（北海道），1800 年獲准率隊進行測量；至 1816 年，實測日本全國，後來繪成《大日本沿海輿地全圖》。

西博爾德
Philipp Franz
von Siebold，
1796 – 1866 年

德國醫生、博物學者。威爾茨堡大學畢業，1823 年任駐日本的荷蘭商館醫官。後經幕府許可，在長崎郊外建鳴瀧館。1826 年隨荷蘭商館館長赴江戶，與幕府天文方高橋景保等人交往，並從他處換得伊能忠敬繪製的日本地圖。1828 年準備回國時，在行李中發現違禁資料，日本地圖等被沒收，1830 年被驅逐出國。至 1858 年驅逐命取消後次年再度到日本，至 1862 年返國。著有《日本》、《日本動物志》和《植物志》等。

天保改革
Tempō no Kaikaku;
Tempō Reforms

江戶時代於天保年間（1830 – 1843 年）進行的幕政改革。1834 年起，出任老中的水野忠邦禁止奢侈腐化，推行降低物價、遣返流民歸農等改革措施。頒佈「上知令」，將江戶、大阪四周方圓十里劃歸「天領」，直屬幕府，受到激烈反對。改革遭幕府內部的反對派阻撓，又受旗本及大名等抵制，水野忠邦於 1845 年辭職，改革失敗。

蠻社之獄
Bansha no Goku

江戶幕府對洋學者團體製造的冤獄事件。尚齒會成員高野長英、渡邊華山等人，認為 1837 年幕府處理「馬禮遜」號事件不當，提出批評意見，受到監視。1839 年，幕府以渡邊華山策劃潛往小笠原島，以密通大鹽平八郎等罪名，逮捕二十六人入獄。後又改為攻擊幕府罪名，渡邊華山、高野長英被迫自殺。

水野忠邦
Mizuno Tadakuni，
1794 – 1851 年

江戶時代末年的藩主。肥前唐津藩藩主水野忠光之子，繼襲父職後，出任幕府首席老中，受將軍德川家慶重用，推行天保改革，但各項措施大多未能貫徹，於 1843 年被罷免，其後短期復職。

培里叩關——要求開港通商

1853 年（嘉永六年）	美國使節培里到浦賀，要求開港通商。俄國使節浦查亭到長崎。
1854 年（安政元年）	幕府與美國締結《日美和親條約》（《神奈川條約》），鎖國體制瓦解。幕府與英國、俄國締結友好條約。
1856 年（安政三年）	美國總領事哈里斯到日本。
1858 年（安政五年）	井伊直弼任大老。與美、俄、荷、英、法締結「安政五國條約」。幕府鎮壓反對派，發生「安政大獄」。
1859 年（安政六年）	橋本左內、吉田松陰、賴三樹三郎等尊王攘夷派志士被處死刑。

培里

Matthew Perry，
1794 – 1858 年

美國海軍軍官。1852 年任東印度艦隊司令。1853 年 7 月 8 日（嘉永六年六月三日），率領四艘軍艦到達江戶附近的浦賀灣，向幕府官員遞交了美國總統的國書，要求日本開國。幕府要求暫緩答覆。1854 年 2 月（安政元年一月）再率軍艦七艘到達神奈川灣，3 月 31 日（三月三日）在橫濱同幕府簽訂《日美和親條約》。因美艦外塗黑漆，故此日本史上稱此事件為「黑船來航」。

圖 33　培里

黑船

Kurofune

幕末日本對歐美艦船的稱呼。因船身塗黑色，故稱。

圖 34　黑船圖

日美和親條約

Nichibei Washin Jōyaku；
United States – Japan Treaty of Amity, 1854

又稱《神奈川條約》。日本德川幕府正式放棄鎖國的外交條約，也是近代日本與外國簽訂的第一條不平等條約。1854 年（安政元年），由幕府官員與培里在神奈川（今橫濱市）簽訂，共十二條，規定日本開放下田和箱館（今北海道函館市），向美國船隻提供糧煤等物資，給美國以最惠國待遇，美國可在下田派駐領事等。此後，日本相繼與英國、俄國、荷蘭簽訂類似條約，並增加開放長崎。

神奈川條約

Kanagawa Treaty

即《日美和親條約》。

阿禮國

John Rutherford
Alcock，
1809－1897 年

英國外交官。曾任英國駐中國福州、上海領事和廣東總領事。1858 年 11 月任駐日總領事，次年 6 月到任。1860 年任駐日公使。1862 年美國駐日公使哈里斯回國後，他在各國駐日外交團中居領導地位。曾迫使幕府撤除貿易限制，1864 年組織四國聯合艦隊炮擊下關。1864 年 12 月離任回國，次年轉任駐華公使。

安政五國條約

Ansei commercial
treaties /
Ansei five-power
treaties

美國、荷蘭、俄國、英國和法國於 1858 年強迫日本簽訂的一系列不平等條約的總稱。1854 年（安政元年）《日美和親條約》簽訂後，英、俄、法、荷也脅迫日本簽訂了類似條約。但列強並未以此為滿足，1858 年（安政五年），美國又強迫日本簽訂《日美修好通商條約》，依約日本開放神奈川、長崎、新潟、兵庫等四港及江戶、大阪兩市；日本輸出稅率為 5%、輸入稅率為 5% 至 35%；美國享有治外法權等。同年日本又被迫與荷、俄、英、法簽訂同一內容的條約。直至 1894 年《日英通商航海條約》簽訂，才開始作出修改。

**日美修好
通商條約**

Nichibei Shūkō
Tsūshō Jōyaku；
United States – Japan
Treaty of Amity and
Commerce

又稱《江戶條約》或《哈里斯條約》，日本德川幕府與美國訂立的不平等條約。1858 年 7 月 29 日（安政五年六月十九日），幕府官員與美國駐日總領事哈里斯簽訂。共十四條，規定日本開放神奈川以代替下田，另開放長崎、新潟、兵庫；允許美國人在開放港口租借居留地，並在大阪、江戶經商及逗留；日本實行自由貿易和協定關稅；美國在日本享有領事裁判權；兩國互派公使、領事等。

江戶條約
Edo Treaty

即《日美修好通商條約》。

哈里斯條約
Harris Treaty

即《日美修好通商條約》。

安政大獄
Ansei no Taigoku；
Ansei Purge

江戶幕府鎮壓改革派、反對派的事件。大老井伊直弼為維持幕府專制，從 1858 年（安政五年）10 月起，在江戶、京都等地逮捕主張改革的志士，將橋本左內、吉田松陰、梅田雲浜、賴三樹三郎等八人處以極刑，同時處分有關藩主和公卿。鎮壓持續至翌年，受牽連者達百人以上。

吉田松陰
Yoshida Shōin，
1830 – 1859 年

江戶幕府末年主張改革的思想家、教育家。長州下級武士之子，後為叔父養子。幼習兵學、儒學，1850 年到長崎、江戶，廣開見聞，關心國事。其後脫藩，外出遊歷，到江戶師事佐久間象山。1854 年企圖搭乘美艦出國，被捕監禁。獲釋後在家鄉萩城開設松下村塾，培養了一批維新領導人和骨幹。主張「草莽崛起」，推翻幕府。死於安政大獄。

刺殺大老 —— 櫻田門外之變

1860 年（萬延元年）	大老井伊直弼被殺害。爆發櫻田門外之變，尊王攘夷派志士介入政治。
1862 年（文久二年）	老中安藤信正受襲。爆發生麥事件。
1863 年（文久三年）	高杉晉作建「奇兵隊」。薩摩藩與英國東洋艦隊發生戰事（薩英戰爭）。發生八一八政變。

櫻田門外之變
Sakuradamongai
no Hen；
Sakuradamon
Incident

江戶幕府末年，由尊王攘夷志士策動的暗殺事件。安政大獄之後，1860 年 3 月 24 日（萬延元年三月三日），水戶、薩摩的金子孫四郎等十八名浪士，在江戶城櫻田門外刺殺了幕府大老井伊直弼，打擊了幕府專制，推動尊王攘夷運動的展開。

佐久間象山
Sakuma Shōzan，
1811 – 1864 年

江戶幕府末年的洋學者、軍事學者。信濃國松代藩武士。先學儒學，在江戶開私塾。後學西洋炮術，攻洋學。1842 年任幕府海防顧問，提出其海防政策，並努力推進本藩的殖產興業。1851 年在江戶開塾教授兵法和炮術，門人中有吉田松陰、勝海舟等人。提倡「東洋道德，西洋藝術〔技術〕」，力主開國。後被尊王攘夷派人士暗殺。

坂下門外之變

Sakashitamongai no Hen；Sakashitamon Incident

尊王攘夷志士反擊公武合體運動的政治暗殺事件。1862年2月13日（文久二年一月十五日），以水戶浪士為主的七名尊攘志士，在江戶城坂下門外襲擊策劃「和宮下嫁」的幕府老中安藤信正，使他受傷和被迫辭職。為首計劃這事件的大橋訥庵，是江戶豪商養子，曾與商人菊池教中起草〈王政復古秘策〉。

尊王攘夷運動

Sonnō jōi Undō；Sonnō jōi Movement

江戶幕府末年反對幕府統治和列強侵略的政治運動。1858年間，在簽訂《日美修好通商條約》和發生安政大獄前後，因國內外矛盾激化而引起；經1860年3月櫻田門外之變，於1862至1863年達到高潮。運動以京都為中心，而以各藩下級武士為主力，還有一些公卿和豪農豪商參加或予以支持，一再發生恐怖暗殺事件和攘夷事件，企圖建立天皇政權，並發動全國攘夷。1863年八一八政變後，運動受挫。

公武合體運動

Kōbu Gattai Undō；Movement for Union of Court and Shogunate

江戶幕府末年，與尊王攘夷運動對立的政治運動。1860年櫻田門外之變後，由一些強藩掀起，主張朝廷（公家）與幕府（武家）合作，改革幕政。朝廷贊同，幕府也不得不接受。1861年幕府奏請朝廷，決定將皇妹和宮嫁給將軍德川家茂，後又放鬆參觀交代制，設立強藩藩主參加的參與會議，討論政務。反對尊王攘夷運動，1863年策劃八一八政變，將尊攘志士逐出京都。接著，幕府取消已有改革，公武合體運動遭挫。

文久政變
Coup d'Etat of
30 September 1863

亦稱「八一八政變」，1863 年尊王攘夷改革派被逐出京都的事件。改革派武士同改革派公卿相結合，一度操縱朝政，企圖建立天皇政權，發動全國攘夷。但孝明天皇並不贊成改革，1863 年 9 月 30 日（文久三年八月十八日）凌晨，會津藩和薩摩藩發兵把守宮門，公武合體派公卿、大名朝見天皇天后，宣佈不許改革派參與朝政。次日，改革派退出京都，西下長州。

孝明天皇
Kōmei Tennō；
Emperor Kōmei，
1831 – 1867 年

日本天皇（1846 – 1867 年在位）。憤恨列強入侵日本，曾一再催促幕府攘夷。但傾向公武合體，對改革派武士、公卿干預朝政表示不滿。被公武合體派利用，發動八一八政變。後又命令幕府征討長州。1867 年 1 月（慶應二年十二月）突然死亡。

和宮
Kazunomiya，
1846 – 1877 年

仁孝天皇第八女，孝明天皇之妹，封號為親子內親王。1851 年與熾仁親王訂婚；但朝廷為了達成「公武合體」，應允幕府之請，1862 年把她嫁給幕府將軍德川家茂，史稱「和宮下嫁」。德川家茂去世後，她出家稱靜寬院宮。在戊辰戰爭中，她為江戶城免遭戰火，並為保存德川家族，作出了貢獻。

和宮下嫁
Kazunomiya Koka

見「和宮」條。

四國艦隊——聯合炮轟下關

1864 年（元治元年）	發生禁門之變。美、英、法、荷四國聯合艦隊炮轟下關。第一次長州征討。
1866 年（慶應二年）	薩摩、長州兩藩聯合反對幕府。第二次長州征討。
1867 年（慶應三年）	明治天皇即位。德川慶喜「大政奉還」，結束幕府統治，天皇宣佈「王政復古」。

禁門之變
Kinmo no Hen

又稱「蛤御門之變」、「元治甲子之變」，發生於元治元年（1864 年）的長州藩三家老舉兵事件。在 1863 年「八月十八日政變」中失勢的長州藩，為重新崛起及替藩主父子復仇，要求赦免尊王攘夷派七卿，遭到拒絕。次年又因「池田屋事件」中藩士被殺，福田越後、國司信濃、益田右衛門三家老舉兵進京，7 月 19 日在蛤御門附近與會津、薩摩兩藩士兵交戰，結果失敗。禁門之變成為一次征伐長州的開端。

四國艦隊炮擊下關事件
Shikoku Kantai Shimonoseki Hōgeki Jiken

亦稱「下關戰爭」（即馬關戰爭），指 1864 年 8 月英、法、美、荷四國聯合艦隊攻擊下關海峽沿海炮台，企圖使長州藩屈服，打擊尊王攘夷派。事件的起因是 1863 年 5 月長洲藩炮擊通過霞關海峽的外國船隻；四國艦隊於是炮擊下關作為報復。其陸戰隊並登陸破壞炮台。長洲藩的尊王攘夷派暫時推卻，而又採取恭順政策的俗論黨

掌握藩政大權。部分尊王攘夷派人士認識到，以名分論進行的攘夷不能抵禦外國軍事力量，於是形成以高杉晉作為中心的討幕派。

圖 35　下關戰爭

奇兵隊
Kiheitai

江戶幕府末年維新志士高杉晉作在長州組建的軍隊。始於 1863 年 7 月（文久三年六月），除武士外，還吸納平民參加，共有三、四百人。由藩廳提供武器軍餉，並獲得豪農豪商的經濟援助。接受近代軍事訓練，戰鬥力較強。長州各地紛起仿效，建立名目眾多的諸隊，總兵力約五千人。初為防備列強侵犯，後來成為倒幕鬥爭的武裝之一。1870 年 1 月被解散改編。

長州諸隊起義
Kōzanji Revolt

明治維新中，長州藩改革派武士領導的起義。1864 年 10 月（元治元年九月），幕府征討長州後，長州保守派乘機掌權，迫害改革派，下令解散諸隊。高杉晉作得伊藤博文等少數人的支持，毅然以七、八十人的兵力，於 1865 年 1 月 13 日（元治元年十二月十六日）成功地襲擊了下關的藩廳專賣機構，並促使諸隊於 2 月 1 日（慶應二年一月六日）起義，奪藩政權。起義得到群眾和豪農豪商的大力支持。此後長州成為強大的倒幕基地。

勝海舟

Katsu Kaishu，
1823 – 1899 年

幕末明治初期的軍事家、政治家。名義邦，又名麟太郎，號海舟，曾任安芳狩，通稱安芳。1855 年入幕府長崎海軍傳習所，從荷蘭教官學習航海技術。1860 年，任「咸臨丸」艦長赴美國。1864 年，任幕府軍艦奉行，為建立幕府海軍起了重要作用，1868 年任幕府陸軍總裁。戊辰戰爭時，勝海舟與西鄉隆盛談判，達成討幕軍和平進入江戶城。其後在新政府中，擔任兵部大丞、海軍大輔、參議兼海軍卿、元老院議官、樞密顧問官。晚年專心著述，有《海舟全集》十卷。

高杉晉作

Takasugi Shinsaku，
1839 – 1867 年

近代日本開創倒幕局面的主要領導人。長州中級武士，家祿一百五十石。吉田松陰的門生。1861 年參與藩政，次年被派赴上海考察，回國後投身尊王攘夷運動。1863 年在長州組織奇兵隊。1864 年 9 月（元治元年八月）英、法、美、荷艦隊進攻下關時，受藩命出面議和，決定放棄盲目攘夷，實行開港倒幕。1865 年 1 月至 2 月初，發動長州諸隊起義，實行強藩割據。後又推動建立薩長同盟。1866 年指揮長州軍大敗征討長州的幕府軍。次年病逝。

大村益次郎

Ōmura Masujirō，
1824 – 1869 年

日本近代軍制的創立者。生於長州藩一個醫生家庭，先隨緒方洪庵等習蘭學，後轉習西洋軍事學。曾在宇和島藩、幕府的講武所教授軍事學。1863 年返回長州，1865 年長州諸隊起義後，主持軍制大改革，建立近代步兵、炮兵；參與指揮長州軍，粉碎幕府第二次征討長州。後

任明治政府兵部大輔，致力於改革軍制；但遭反動士族暗殺，受重傷而死。

七卿流亡
Shichikyō Ochi

亦作「七卿落」或「七卿逃脫事件」，1863 年三條實美等七公卿逃離京都、投奔長州藩的事件。他們七人先後與長州藩士計議，擬於大和行幸之機倒幕，因行幸中止未遂。八一八政變後，公武合體派取得優勢，禁止尊王攘夷派參內、外出、會客。包括三條實美、三條西季知、東久世通禧、壬生基修、四條隆謌、錦小路賴德、澤宣嘉的七公卿，試圖東山再起，於 8 月 19 日集體逃離京都，9 月 1 日抵達周防三田尻，結果被褫奪官位。王政復古後，他們始返京復職。

三條實美
Sanjō Sanetomi，
1837 – 1891 年

明治維新中的改革派公卿、明治政府主要官員。內大臣三條實萬之子。積極投身尊王攘夷運動，1862 年向幕府傳達朝廷命令，要求實行攘夷。八一八政變後，與其他六名公卿亡命長州藩。明治政府成立後，歷任議定、副總裁、輔相、右大臣、太政大臣、內大臣等職。

圖 36　三條實美

白石正一郎
Shiraishi
Shouichirou，
1811－1880 年

江戶幕府末年支持改革派武士的長州商人。在下關開辦水運行，經營轉運、代購業務。過往經常對維新志士款待食宿，有時還給予資助。1863 年，支持高杉晉作建立奇兵隊，曾負責會計工作。同年獲得士的身分。長州改革派掌握藩政權後，他與藩廳的關係十分密切。

改稅約書
Kaizei Yakusho

1866 年 6 月（慶應二年五月）江戶幕府與英、法、美、荷簽訂的降低進口關稅的協定。內容規定日本的進出口關稅，一律按過去四年平均價格的百分之五來確定從量稅率。其他西方國家也按最惠國條款得以均沾。

薩摩藩
Satsuma domain

江戶幕府時外樣大名島津氏的領地，明治維新中的西南強藩之一。位於九州南部，領有薩摩、大隅二國和日向國的一部分。藩廳在鹿兒島。島津氏原為鎌倉時代的土豪，後來成為守護大名、戰國大名，曾控制大半個九州。關原之戰後，歸順德川氏。1827 年進行藩政改革，實行砂糖等物品的專賣。1851 年藩主島津齊彬推進殖產興業，採用西方軍事技術。1860 年代初，屬公武合體一派，1866 年與長州藩結成倒幕同盟。

長州藩
Chōshū domain

江戶幕府時外樣大名毛利氏的領地，明治維新中的西南強藩之一。位於本州西端，領有周防、長門二國。藩廳原在萩城，後遷至山口城。毛利氏原為戰國大名，曾領有十國。關原之戰後歸順德川氏，領地遭大量削減。

1840 年代改革藩政，推行富國強兵和重商主義政策，湧現出一批改革派武士。1860 年代支持尊王攘夷運動，1866 年與薩摩藩結成倒幕同盟。

越荷方
Koshinikata

江戶幕府時期長州藩的金融、貿易機構。設於下關，設立年代不明。向途經下關的北越（今新潟縣）一帶客商提供貨棧、貸款，或代為轉售貨物，收取棧租、利息和手續費。1840 年把藩廳向居民放高利貸的款項，用來擴大其業務。1865 年進而從事與藩外的通商事務，1866 年在萩城、山口城、三田尻設置事務所。

薩長同盟
Satsuma-Chōshū
Alliance

明治維新中，薩摩藩和長州藩的倒幕同盟。公武合體運動破產和長州諸隊起義後，西鄉隆盛、大久保利通推動薩摩藩轉向倒幕。經坂本龍馬、中岡慎太郎的斡旋，1866 年 2 月 4 日（慶應二年一月二十一日），薩摩的小松帶刀、西鄉隆盛，長州的木戶孝允，以坂本龍馬為證人，在京都薩摩官邸訂立盟約，訂明雙方進行合作，對付幕府再征長州，並為早日「恢復王權」而竭誠努力。

海援隊
Kaientai

維新志士坂本龍馬建立的海運、貿易團體。1864 年建於長崎龜山，由土佐藩的脫藩者組成，原稱「社中」或「龜山隊」。後有其他藩浪士加入。曾為薩摩、長州兩藩買賣、運輸物資、武器。1867 年改稱海援隊，歸附土佐藩，共二十餘人。坂本被暗殺後，無形瓦解。

征討長州
Chōshū Expeditions

江戶幕府同倒幕勢力的重大武力較量。1864 年 8 月（元治元年七月），因長州軍進攻京都，孝明天皇命令幕府征討長州。10 月（九月），幕府和三十餘藩發兵；長州保守派趁機掌權，表示恭順。征長軍未經戰鬥即撤退。薩摩和長州結成倒幕同盟後，1866 年 7 月 18 日（慶應二年六月七日），幕府和各藩兵分四路，再征長州。至 9 月中（八月初），征長軍大敗。江戶、大阪和近畿一帶幕府領地農民、町人起義，9 月 30 日（八月二十二日）幕府宣佈休戰。

緒方洪庵
Ogata Kōan，
1810－1863 年

江戶幕府末年的洋學者、醫生、教育家。生於備中足守藩（今岡山縣吉備郡）下級武士家庭。1825 年隨父去大阪，學習西洋醫學。後又到江戶、長崎求學。1838 年在大阪開辦教授西洋醫學和洋學的適適齋塾，門生先後達三千餘人，培養了橋本佐內、大村益次郎、福澤諭吉等一批優秀人才。1862 年任幕府的將軍侍醫兼西洋醫學所負責人。他在日本帶頭推廣種牛痘。

島津齊彬
Shimazu Nariakira，
1809－1858 年

江戶幕府末年薩摩藩藩主（1851－1858 年在位）。年青時學過蘭學，是當時最開明的大名。致力於改革藩政，重視洋學，推行殖產興業政策，尤其注重採用西方近代軍備。設立集成館，引進西方技術，從事翻譯、試驗、試製工作。建立了熔礦、煉鐵、鑄造，以及製造玻璃、陶瓷、藥品等事業，還製成輪船、軍艦，輸入紡織機械。

坂本龍馬
Sakamoto Ryōma，
1836 – 1867 年

江戶幕府末年維新志士。土佐藩人。祖上經營釀酒業，其祖父買了鄉士身分。父祖輩均為下級藩吏，佔有一批田地。他本人曾投身尊王攘夷運動。1864 年在長崎龜山建立商社，後稱海援隊。與中岡慎太郎一起，推動薩長同盟的建立。1867 年在「船中八策」中提出建立上下議政局、刷新外交等主張。不久在京都被暗殺。

德川慶喜
Tokugawa
Yoshinobu，
1837 – 1913 年

江戶幕府第十五代將軍。原為水戶藩主德川齊昭之子，後來過繼給同族的一橋家。1862 年輔佐將軍德川家茂，贊成公武合體，推行某些幕政改革。1866 年 9 月（慶應二年八月）繼任將軍，接受法國幫助，進行改革以加強幕府的實力。1867 年被迫「大政奉還」，將權力交還給天皇。1868 年 1 月挑起內戰，5 月在江戶開城歸順政府軍。後貶居靜岡，1869 年被赦免。1902 年封公爵。

王政復古
Ōsei Fukko；
Restoration of
imperial rule

廢除德川幕府、建立以天皇為首的新政權的政變，是明治維新的基本標誌。1867 年 11 月 9 日（慶應三年十月十四日），朝廷向薩摩、長州下達討幕密詔。同日，將軍德川慶喜奏請奉還政權，但仍有實權和領地。薩長討幕派毅然向京都發兵。1868 年 1 月 3 日（慶應三年十二月九日），薩摩藩兵把守京都宮門，天皇發佈《王政復古大號令》，宣佈廢除幕府，建立由總裁、議定、參與組成的天皇政府。

新撰組
Shinzengumi

亦稱新選組，江戶時代末期武士和浪人的武裝團體。其前身為 1863 年組成的浪士組，約有二百人。幕府命其為將軍警衛，進住京都壬生村，其首領清川八郎與尊攘派聯繫，有反幕行動，回江戶後被暗殺，浪士組分裂為二：一部分改稱「新徵組」，屬莊內藩；近藤勇、芹澤鴨、土方歲三等人支持幕府，留在京都，屬幕府京都守護職指揮，改稱「新撰組」。後來發展為一百三十餘人，以近藤勇為總長、土方歲三為副長，在京都成為尊攘派和倒幕派的勁敵。1868 年鳥羽、伏見戰役時，新撰組參加幕府軍。近藤勇於戰敗後逃亡，被捕處死；土方歲三與殘餘分子組成土方隊，與榎本武揚逃至北海道，繼續與明治政府對抗。1869 年土方歲三在五稜郭戰役中戰死。

榎本武場
Enomoto Takeaki，
1836 - 1908 年

幕府海軍軍官、明治時期政治家。入長崎海軍傳習所學習，任江戶海軍操練所教授。留學荷蘭，1867 年乘「開陽丸」回國，任海軍奉行，後為海軍副總裁。戊辰戰爭時，率八艘軍艦到北海道，據函館五稜郭抵抗，投降後入獄。1872 年獲釋，從事開拓北海道。後任海軍卿、駐清公使及在內閣中擔任大臣等職務。

10 明治時代

10 明治時代

明治維新——實行王政復古

1868 年（明治元年）	鳥羽、伏見之戰（戊辰戰爭開始）。發表《五條御誓文》。江戶改稱東京。
1869 年（明治二年）	實行版籍奉還。遷都東京。五稜郭之戰（戊辰戰爭結束）。東京至橫濱間開通電信。

明治天皇

Meiji Tennō；
Emperor Meiji，
1852–1912 年

日本天皇（1867–1912 年在位）。名睦仁。孝明天皇第二子。1860 年立為太子。1867 年 2 月 13 日（慶應三年一月九日）即位。1868 年改元明治。即位初期，日本發生維新運動，推翻了江戶幕府統治，實行「王政復古」，發表《五條御誓文》，並遷都東京。1869 年宣佈版籍奉還，1871 年實行廢藩置縣，1873 年著手改革地稅，1889 年頒佈《大日本帝國憲法》，1890 年召開帝國議會。對外方面，1894 至 1895 年發動中日甲午戰爭，1904 至 1905 年進行日俄戰爭，1910 年吞併朝鮮。在位四十五年，日本近代化發展迅速，並走上軍國主義道路。

圖 37　明治天皇

明治維新
Meiji Ishin；
Meiji Restoration

日本近代史上劃時代的變革運動。時值明治天皇在位，故名。十九世紀上半期，日本封建統治危機加深。1854年美國用武力強迫日本打開門戶後，江戶幕府相繼同美、英、荷、俄、法等國簽訂不平等條約，促使政治、社會、經濟等各方面的問題激化；此後農民起義和市民暴動連綿不斷，反對幕府統治和外國侵略、要求實行資本主義改革的「尊王攘夷」、「尊王倒幕」運動也迅速展開。1866年，薩摩（今九州鹿兒島縣）、長州（今本州山口縣）兩藩，在下級武士領導下，結成聯盟，展開倒幕運動。同時，農民和城市貧民的武裝起義遍及全國，幕府統治完全陷於癱瘓狀態。1868年1月，倒幕派發動政變，宣佈「王政復古」，迫使將軍德川慶喜把政權交給天皇睦仁。接著，倒幕軍在京都附近打敗幕府軍，不久又進佔江戶（後改名東京）。從此統治日本二百餘年的江戶幕府被推翻，明治政府掌握了全國政權。新政府進行了一些資產階級性的改革，如版籍奉還（版是指領地，籍指戶籍）、廢藩置縣、地稅改革等，促進了日本資本主義的發展。通過維新運動，日本廢除封建幕藩體制，擺脫了殖民地危機，建立了近代的民族國家，走上了資本主義的道路。

藩閥
Hanbatsu

明治維新中起主導作用的四個藩，其領導人按同鄉關係結成把持軍政大權的排他性集團。藩閥以薩摩和長州的勢力為主，土佐和肥前（佐賀）的勢力先後遭到排擠。薩閥控制海軍，長閥控制陸軍，兩者分佔政府要職。第一次世界大戰後，藩閥勢力趨向衰落。

靖國神社
Yasukuni Jinja；
Yasukuni Shrine

明治初年建立的祭祀陣亡將士的神社。1869 年建於東京，初稱招魂社，1879 年改為今名。幕府末年為國殉難者及歷次戰爭中的陣亡將士，總共二百四十餘萬名，被作為護國英靈供奉在神社內，受到祭祀。天皇派敕使或親自參加大祭，是宣揚忠君愛國和軍國主義的重要手段。第二次世界大戰前，由海軍省管理；1945 年日本戰敗後，改由宗教團體管理。1960 年代起，日本議會內外有一批人要求神社重歸官方主持，官方進行正式參拜。1975 年起至今，有內閣總理大臣和內閣成員前往參拜，但此舉在國內有反對聲音，一些在戰時被日本侵略的亞洲國家亦對此提出強烈的譴責。

大亞細亞主義
Pan-Asianism

日本近代關於亞洲的言論，產生於明治年間，有兩派：其一是民權派左派的主張，強調亞洲各國平等聯合，對抗歐美列強侵略；另一是玄洋社、黑龍會及其他國家主義者的論調，鼓吹中國無力對抗歐美列強，日本必須不惜用武力「保全」大陸免遭瓜分，或者宣揚只有日本才可充當亞洲盟主，亞洲事情必須由日本人來處理。前一派未得到發展，後一派成為主流，後來發展為「大東亞共榮圈」、「八紘一宇」等對外擴張和侵略的論調。

戊辰戰爭
Boshin Sensō；
Boshin Civil War

明治維新時的內戰。戰爭爆發於 1868 年（戊辰年），故名。是年 1 月 26 日（慶應四年一月二日），德川慶喜從大阪發兵進攻京都，次日由薩長等藩軍隊組成的政府軍，在鳥羽、伏見大敗幕府軍。接著，朝廷發佈討伐

令，天皇親征大阪，並派軍東征、西征。5 月 3 日（四月十一日），東征軍使江戶開城歸順。至 11 月末，政府軍陸續擊敗關東幕府家臣和奧羽越列藩同盟（共三十一個藩）的反抗，內戰基本結束。1869 年 6 月 27 日（明治二年五月十八日），政府軍攻克最後一個反抗據點北海道函館五稜郭。

五條御誓文
Gokajō no
Goseimon；
Charter Oath

明治政府成立之初，天皇宣佈的基本國策。1868 年 4 月 6 日（慶應四年三月十四日），明治天皇在公卿、大名、政府百官列席陪同下，祭祀神祇時宣佈，其主要內容為：一、廣興會議，萬機決於公論；二、上下一心，大展經綸；三、公卿與武家同心，以至庶民，須使各遂其志；四、破歷來之陋習；五、求知識於世界。

版籍奉還
Hanseki hōkan；
Formal return of
domainal registers to
Emperor Meiji

明治維新中廢除諸藩的第一步。由木戶孝允、大久保利通等推動，1869 年 3 月（明治二年一月）薩、長、土、肥四藩主聯名建議將版（土地）籍（人民）交還朝廷，各藩主陸續仿效。7 月 25 日（六月十七日）朝廷接受各藩建議，並催促其餘三十餘藩表態。此後，藩主成為藩知事，不再享有獨立處理藩政的權力。

廢藩置縣——重定行政區劃

1870 年（明治三年）	《橫濱每日新聞》發行。
1871 年（明治四年）	建立郵政制度。實行廢藩置縣。簽訂《中日友好條規》。岩倉具視等赴歐視察。
1872 年（明治五年）	福澤諭吉完成《勸學篇》。建立教育制度。新橋和橫濱之間通火車。採用太陽曆。
1873 年（明治六年）	頒佈徵兵令。解除基督教禁令。公佈《地稅改革條例》，改革地稅制度。明六社成立。征韓論失敗，西鄉隆盛等退出政府。

廢藩置縣
Haihan chiken；
Establishment of the
prefectural system

明治維新的重大改革之一。1871 年 3 月（明治四年二月），由薩、長、土各藩藩兵一萬人組成天皇親兵，並以此為後盾，於 8 月 29 日（七月十四日）下令廢藩。擔任藩知事的原大名，全部移居東京，保留其俸祿和華族身分，各藩債務的清償和家臣俸祿的發放，由政府承擔；重定行政區劃，由政府派官吏管轄。初設北海道開拓使和三府三百零二縣，至 1888 年，逐步調整為一道三府四十三縣。

華族
Kazoku；
Peerage

明治維新後的貴族。1869 年，公卿、大名改稱華族。1871年廢藩置縣和改組政府後，失去政治實權。通過 1876 年發行金祿公債，成為資產階級化的金融貴族。據 1884 年

《華族令》，定公、侯、伯、子、男五等爵位；對國家有功勳者，亦可授予爵位。享有貴族院的選舉權和被選舉權。爵位由男子世襲。1946 年於憲法中加以廢除。

士族
Shizoku

明治初年給予舊武士階級的稱號。1869 年明治政府決定，原各藩和幕府的家臣中，除足輕等稱卒族外，其餘稱為士族。1872 年又規定，卒族中的世襲者列入士族，其餘則為平民。通過徵兵令（1872 年）、廢刀令（1876 年），發行金祿公債（1876 年）及實施刑法（1882 年），士族的特權逐漸被廢除，士族亦歸於消滅。

金祿公債
Kinroku kōsai

明治維新中改革幕府俸祿制度的主要措施。明治政府早已著手改革俸祿制度，包括將祿米改為貨幣俸祿（金祿）。1876 年 8 月 5 日，頒佈《金祿公債券發行條例》，規定向華族、士族一次發給一筆公債，以後不再發放俸祿；金祿公債從第六年起，三十年內償付完畢。發放對象 313,000 人，共 17,384 萬餘日元。舊大名平均得 6 萬日元，最高達 132 萬日元。一般士族平均 548 日元，最低的僅 20 至 30 日元。華族藉此轉化為資產者，但大批武士迅速破產。

岩倉具視
Iwakura Tomomi，
1825 – 1883 年

明治政府主要領導人之一。父為朝廷公卿。1854 年任孝明天皇侍從。因反對尊王攘夷，遭彈劾，辭官蟄居京都北部岩倉村。後與倒幕派接近，為操縱朝廷出力。1867

年得明治天皇赦免，參與策劃 1868 年「王政復古」政
變。歷任明治政府要職，1871 年起為右大臣。1871 至
1873 年率使節團考察歐美。1881 年讓井上毅起草欽定憲
法原則，奠定了明治憲法體制的基礎。

岩倉使節團
Iwakura mission

明治初年考察歐美的大型政府代表團。以岩倉具視為特
命全權大使，大久保利通、木戶孝允、伊藤博文、山口
尚芳為副使，加上隨員共約五十人。1871 年 12 月（明治
四年十一月）出發，先抵美國，後經英、法、德、俄、
意等十二國，從事考察活動，而於 1873 年 5 月至 9 月
間陸續回國。這次考察，堅定了明治政府領導人學習歐
美、實現近代化的決心。

圖 38　岩倉使節團，左起：木戶孝允、山口尚芳、岩倉具視、伊藤
博文、大久保利通。

井上馨

Inoue Kaoru，
1835/1836 – 1915 年

明治時期的政治家。長州藩武士出身。曾參加尊王攘夷運動和倒幕鬥爭。在明治政府中歷任官職，1871 年為大藏大輔，後任工部卿、外務卿、外相、藏相等職。與實業界（特別是三井財閥）有密切關係。1898 年後作為元老和財界的後台，仍佔重要地位。

松方正義

Matsukata
Masayoshi，
1835 – 1924 年

日本首相（1891 – 1892 年、1896 – 1898 年在任），元老。原為薩摩藩廳官吏，後任職明治政府。1871 年任大藏大丞，長期擔任財政領導工作。1881 年為大藏卿。1885 至 1895 年，連續五次出任大藏大臣。積極推進地稅改革、殖產興業、整理紙幣等事業。後曾兩次組閣，任樞密顧問官、內大臣。

圖 39

松方正義

木戶孝允

Kido Takayoshi，
1833 – 1877 年

日本明治維新時期的政治活動家。長州藩士出身。1849
年師事吉田松陰。1862 年起，任藩廳要職，曾投身尊王
攘夷運動，後來成為倒幕派中心人物之一。1866 年代表
長州藩與薩摩藩建立倒幕聯盟。1868 年參與策劃推翻江
戶幕府、建立維新政權的「王政復古」政變，明治初年
任征士、參與、參議。1871 至 1873 年間為岩倉使節團副
使，赴歐美考察。1875 年任第一屆地方官會議議長。

圖
40

木戶孝允

地稅改革

Chiso kaizei；
Land Tax Reform of
1873 – 1881

日文作「地租改正」，明治維新的重大改革之一。1872
年開始準備，首先廢除土地買賣的禁令，著手頒發地
契。1873 年 7 月 28 日，頒佈《地稅改革條例》，規定一
律按土地價格徵稅；稅率為地價的 3%，另加約 1% 的地
方稅；地稅以貨幣交納。1877 年 1 月，將地稅率和地方
稅率調為 2.5% 和 0.5%，後又決定徵稅地價暫不變動。
地稅改革於 1881 年大體完成。1884 年 3 月，頒佈《地稅
條例》，規定稅率不再降低，徵稅地價也不隨時價變動。

松方財政

Matsukata zaisei；
Matsukata fiscal
policy

1880 年代松方正義推行的財政政策。1881 年明治十四年政變之後，松方正義出任大藏卿，推行新財政政策，包括下列各項：一、實行通貨緊縮，整理紙幣，創辦日本銀行，建立天皇制國家財政；二、增加稅收，擴充軍備；三、向私人廉價出售官營企業，促進特權政商資本的形成；四、保護銀行和鐵路部門的舊領主階層，向貨幣資本家轉化；五、振興輸出，陽遏輸入，保護民間資本。這些改策引起物價和利率低落，商業性農業和農村工業受到打擊，農民破產，或流入城市或淪為佃農，為確立產業資本創造了條件。

明六社

Meirokusha

明治初年的啟蒙團體。1873 年（明治六年）由森有禮發起，1874 年 2 月成立，社員有福澤諭吉、西周、西村茂樹等三十餘人，幾乎全都在政府中任職。發行《明六雜誌》，每月舉行兩次演講會，進行多方面的啟蒙宣傳。提倡自由主義，支持政府的開明方針，以「尚早論」反對設立民選議院。1875 年政府加強壓制言論自由，《明六雜誌》停刊，明六社事實上解散。

新島襄

Nijima Jō，
1843 – 1890 年

宗教家、教育家。武士家庭出身。1864 年脫藩，私自赴美國學習理學和神學，1874 年回國，以創辦基督教學校為職志。次年結成「同志社」，並開設學校（現同志社大學）。

福澤諭吉

Fukuzawa Yukichi，
1835 – 1901 年

明治時代的啟蒙思想家。中津藩（今福岡縣）下級武士出身。早年學習西學。1858 年在江戶（今東京都）開設私塾講授洋學。1860 至 1867 年為幕府譯員，曾三次遊歷歐美，著書介紹西方國家情況，宣揚西方的自由、平等和民主，在明治維新前後，發生很大影響。1868 年創辦慶應義塾（後來成為慶應義塾大學）。明治政府成立後，不肯出任官職，專事啟蒙宣傳和教育活動，發表《勸學篇》、《文明論概論》等著作。曾批判封建制度和封建道德，並反對相信神佛等宗教迷信。主張學習對人生實際有用的「實學」，強調智慧的重要，認為「文明既然是人類的律規，實現文明當然是人類的理想」。參加明六社。但他又主張「官民調和」，傾向國權主義。晚年歸附三菱、三井等財閥，中日甲午戰爭時，是強硬的主戰派，把戰爭形容為一場「文野之戰」。

圖
41

福澤諭吉

西周
Nishi Amane，
1829 – 1897 年

日本最早的西方哲學的傳播者。早年修習儒學，1862 年受德川幕府之命，到荷蘭留學，間接受到孔德實證哲學的影響。回國後在京都創設私塾「育英社」，介紹歐洲學術思想。他把荷蘭文 wijsbegeerte（或 philosophie）譯作「性理學」、「理學」，後譯為「哲學」。著作有《百一新論》、《百學連環》、《人世三寶說》等。

加藤弘之
Katō Hiroyuki，
1836 – 1916 年

日本政治學家、思想家。歷任東京帝國大學校長、貴族院議員、樞密院顧問官。明治維新後曾宣傳立憲政治，介紹天賦人權說，但認為在當時的日本還不具備實行自由民權的條件。提倡社會有機論，鼓吹國家主義。著作有《立憲政體論》、《國體新論》、《強者權利的競爭》等。

中江兆民
Nakae Chōmin，
1847 – 1901 年

日本哲學家、社會活動家。土佐人，本名篤介。1871 至 1874 年留學法國。回國後任東京外國語學校校長等職，傳播法國唯物主義思想。參與政治活動，為各報刊撰稿，宣傳自由民權思想，攻擊專制政府。曾翻譯盧梭《民約論》，有「東洋之盧梭」的稱號。著作有《一年有半》、《續一年有半》等。

士族叛亂 —— 爆發西南戰爭

1874 年（明治七年）	板垣退助等建議政府設立民選議院。
1876 年（明治九年）	出兵侵略台灣。禁止佩帶刀劍，取消封建俸祿。士族叛亂。強迫朝鮮簽訂《日朝修好條約》。
1877 年（明治十年）	西鄉隆盛叛亂，西南戰爭爆發。

板垣退助
Itagaki Taisuke，
1837 – 1919 年

日本近代政治活動家，自由民權運動主要領導人。原名乾正形。土佐藩士出身。1867 年加入薩長討幕同盟，後參加戊辰戰爭。1871 年任參議。因鼓吹「征韓論」未被採納，1873 年去職。此後組織立志社、愛國社和自由黨，提出〈民撰議院設立建議書〉，掀起自由民權活動，成為政府反對派領袖之一。後脫離自由民權運動，1896年、1898 年任內相。1900 年退出政界，從事社會活動。

江華島事件
Kokato Jiken；
Ganghwa Island
Incident

又稱「雲揚號事件」。日本政府對朝鮮的蓄謀挑釁事件。1875 年 9 月，日艦「雲揚」號在朝鮮西海岸巡航示威，擅自進行測量，挑起與江華島的朝鮮守軍的戰鬥，復在永宗島登陸，肆行燒殺搶掠。後來日本政府藉此事件迫使朝鮮締結《江華條約》。

雲揚號事件

即「江華島事件」。

江華條約

Koka Jyōyaku；
Treaty of Ganghwa

原名《日朝修好條規》。日本強迫朝鮮簽訂的第一條不平等條約。日本以江華島事件為藉口，於1876年2月派艦隊向朝鮮「問罪」，迫使朝鮮於江華島訂立此條約。共十二款，其中包括：規定朝鮮除釜山外，另開元山、仁川兩港；日本在漢城設使館，在各港口駐領事；日本人在朝鮮享有領事裁判權；日本可在朝鮮沿海自由測量等。朝鮮從此逐漸淪為日本的半殖民地。

日朝修好條規

Niichō Shūko Jōki；
Japan – Korea
Treaty of Amity

《江華條約》的原名。

西南戰爭

Seinan Sensō；
Satsuma Rebellion

明治初年規模最大和最後一次的士族叛亂。西鄉隆盛因「征韓論」未被政府採納，於1873年下野，返回鹿兒島（原薩摩藩），開設私學校，並結集對改革不滿的士族。1877年2月，私學校和九州各地士族約二萬五千人，擁護西鄉為首領，發動叛亂，進攻熊本鎮台。政府依靠徵兵組成的軍隊擊敗叛軍，於9月24日圍攻鹿兒島城山，西鄉等首領自殺，叛亂被鎮壓。

圖42 西南之役出征軍

西鄉隆盛

Saigō Takamori，
1828－1877 年

明治維新時期的政治活動家。薩摩藩士出身，青年時為地方稅吏。1854 年隨藩主參與策劃改革藩政幕政，1858 年安政大獄時被通緝。後獲赦免，上京參加尊王攘夷運動。明治維新時成為倒幕派的中心人物之一。維新政府成立後，任參議（1871 年）。因主張「征韓論」未被採納，於 1873 年辭職。1877 年被薩摩藩武士推為首領，發動西南戰爭，與政府軍作戰，兵敗後自殺。

大久保利通

Ōkubo Toshimichi，
1830－1878 年

明治維新時期的政治活動家。薩摩藩士出身，早年屬藩政改革派。1866 年與西鄉隆盛、木戶孝允等領導建立薩摩、長州兩藩的倒幕聯盟。1868 年參與策劃推翻江戶幕府、建立維新政權的「王政復古」政變。明治初年任參與、參議、大藏卿等職，推行一些促進財經發展的政策。1873 年迫使西鄉隆盛下台後，出任內務卿，握有政府實權，掌管勸業和治安。1874 年鎮壓佐賀縣士族叛亂。同年發動侵略中國台灣的戰爭，並親自到北京向清政府索取大量賠款。1878 年被士族反對派暗殺。

圖 43　西鄉隆盛

圖 44　大久保利通

植木枝盛

Ueki Emori，
1857 – 1892 年

自由民權運動的激進活動家、理論家。土佐藩士出身。1877 年加入板垣退助創辦的立志社，投身自由民權運動，對於自由黨的建立起了重要作用。承認君主立憲，但主張主權在民，實行一院制的男女普選權、人民享有抵抗權和革命權。著有《民權自由論》、《天賦人權辨》等。1890 年當選眾議院議員。1892 年因胃潰瘍惡化逝世。

自由民權運動

Jiyu Minken Undō；
Freedom and
People's Rights
Movement

明治初年的民主運動。明治維新後，日本仍保留大量的封建殘餘，引起各階層不滿。1874 年 1 月，板垣退助等在東京組織愛國公黨；1875 年 2 月組成全國性的政黨愛國社，開展以建立「民選議院」為中心的民主改革運動。其主要要求為：開設國會、減輕地稅、修改條約。1879 至 1880 年間，掀起要求開設國會的請願運動；1881 年 10 月，天皇頒佈將於 1890 年召開國會的詔敕。政治團體和黨派紛紛建立，全國結社達六百餘個，其中影響最大並得到民眾支持的，是 1881 年成立的自由黨。自由黨宣傳「主權在民」，否認「主權在君」，提倡「民定憲法」，反對「欽定憲法」。部分自由黨基層成員曾聯合農民，舉行多次武裝起義。但由於上層領導動搖和妥協，致使自由黨於 1884 年解散。歷時十餘年的自由民權運動，並未取得真正的民主成果。1887 至 1889 年間運動再起，但遭政府以鎮壓和收買手段打擊。1889 年 2 月明治政府頒佈《大日本帝國憲法》，次年 11 月召開帝國議會；在議會大選前，運動已趨於沒落。

自由民權 —— 大同團結運動

1880 年（明治十三年）	自由民權運動的全國性組織「國會期成同盟」成立。公佈《出售官營工廠條例》。
1881 年（明治十四年）	板垣退助建立自由黨。發生明治十四年政變。頒佈開設國會的詔書。
1882 年（明治十五年）	頒佈《軍人敕諭》。大隈重信建立改進黨。
1884 年（明治十七年）	在鹿鳴館進行化裝舞會。
1885 年（明治十八年）	簽訂《中日天津條約》。實行內閣制。
1887 年（明治二十年）	頒佈《保安條例》。
1888 年（明治二十一年）	制訂市町村制度。

自由黨

Jiyūtō；
Liberal Party

①明治年間的主要政黨之一。1881 年 10 月 18 日成立，板垣退助任總理。曾積極推進自由民權運動，主張打倒藩閥政府，其左翼主張主權在民。其後因上層動搖，於 1884 年 10 月解散。1890 年 8 月重建，稱「立憲自由黨」；次年，復改用原名。自由黨在議會活動中，很快倒向政府一邊。1898 年 6 月，與進步黨合併為憲政黨。原自由黨成員後來加入立憲政友會。② 1955 年合併組成自由民主黨的政黨之一，前身是 1945 年的日本自由黨及 1948 年的民主自由黨，1950 年改稱自由黨。

玄洋社
Genyōsha

日本近代主要右翼團體之一。1881 年 2 月成立於九州福岡。以「玄海（指福岡西北方的海洋）怒濤，勢可搗天」自誇，故名。主要成員為明治維新後的失業武士（浪人）。社長是平岡浩太郎，核心人物是頭山滿。標榜天皇主義、國權主義、民權主義三原則，與軍部、財閥、官僚勾結，鼓吹向東亞大陸擴張，主張對俄國強硬，反對在修改條約時妥協讓步。中日甲午戰爭和日俄戰爭時，配合軍部侵略政策進行活動。以後日本的軍國主義團體如黑龍會、浪人會等，都屬於玄洋社的系統。第二次世界大戰後，於 1946 年被勒令解散。

鹿鳴館
Rokumeikan

明治前期的國際社交場所。其名稱取自中國《詩經》，意為「燕群臣嘉賓」。地點在東京內幸町山下門內（今千代田區內幸町一丁目）。1880 年，井上馨任外務卿，為收回關稅自主權及促進修改條約，向外國表示日本走開化路線，在風俗習慣上已趨歐化，在鹿鳴館舉行遊園會、舞會等活動，與外國的外交官聯歡。該建築由英國人康德爾設計，是文藝復興時期的建築風格，1883 年完工。次年建立華族制度，舞會動員貴族和官吏參加。這種現象稱為「鹿鳴館時代」，但引起國民反感及國粹論者批評。1887 年，井上馨因修改條約工作失敗辭職，鹿鳴館時代結束。該建築於 1890 年用作華族會館，後改為徵兵保險會社，至 1940 年拆毀。

圖
45

鹿鳴館

圖
46

鹿鳴館內宴會情況

頭山滿

**Tōyama Mitsuru，
1855 – 1944 年**

日本右翼團體玄洋社、黑龍會的主要頭目。福岡人。明治初年參加不平士族的反政府運動，曾被捕。1881 年與平岡浩太郎等創立玄洋社，逐漸傾向國權主義，標榜「大亞細亞主義」，協助軍部推行大陸政策。1900 年組織黑龍會，任顧問。他不僅在玄洋社、黑龍會、大日本生產黨等團體中擁有勢力，在政界、財界和軍界也有影響。

軍人敕諭

**Gunjin Chokuyu；
Imperial Rescript of
Soldiers and Sailors**

明治天皇訓誡軍人的敕諭。1880 年山縣有朋命人起草，1882 年 1 月頒佈。內容強調「我國軍隊世世代代為天皇所統率」，「朕是爾等軍人的大元帥」；提倡武士道精神，把忠節、禮儀、武勇、信義、質樸作為軍人必須遵循的道德準則。《軍人敕諭》與《教育敕語》成為近代天皇制國家意識形態的支柱。

立憲改進黨

**Rikken Kaishintō；
Constitutional
Reform Party**

簡稱「改進黨」，日本自由民權運動中的主要政黨之一。1882 年 4 月 16 日由大隈重信等人組成，以城市資本家、知識分子為主要成員。主張漸進的改革，認為主權在君民之間。1883 年末陷於癱瘓狀態，頒佈憲法後重新活動。1896 年與其他黨派合併為進步黨，後又演變為憲政會、立憲民政黨等。

改進黨

Kaishintō

「立憲改進黨」的簡稱。

大隈重信

Ōkuma Shigenobu，
1838－1922年

日本首相（1898年、1914－1916年在任）。佐賀藩士出身。早年參加尊王攘夷和明治維新運動。明治初年任民部大輔、大藏大輔。後任參議、大藏省事務總裁。1881年主張立即制訂憲法，召開國會，被免職。次年創建立憲改進黨，並創辦東京專門學校（早稻田大學前身）。1888至1889年、1896年任外相。1896年後，為進步黨、憲政黨、憲政本黨領導人。1898年與板垣退助組織憲政黨內閣，任首相兼外相。1900年組織憲政本黨與伊藤博文的政友會對立，開日後日本兩黨政治之先端。再任首相時，日本參加第一次世界大戰，並向袁世凱政府提出旨在吞併中國的「二十一條」。

圖47 大隈重信

伊藤博文

Itō Hirobumi，
1841－1909年

日本首相（1885－1888年、1892－1896年、1898年、1900－1901年在任）。長州藩士出身。早年師事吉田松陰，參加尊王攘夷運動。1863年赴英國留學，次年歸國，贊同開港倒幕，1865年12月率先支持高杉晉作發動長州起義。明治初年，任參與、外國事務局判事、兵庫縣知事。1871年為岩倉使節團副使之一，1873年任參議

兼工部卿。1878 年任內務卿。1885 年起四任首相。1888
年起三任樞密院議長。1900 年創立政友會並任總裁。執
政期間曾發動中日甲午戰爭，強迫清政府接受《馬關條
約》，奪取中國領土台灣，及將朝鮮置於日本統治之下。
1906 年任朝鮮統監，並封公爵。1909 年在中國哈爾濱車
站被朝鮮愛國者安重根刺殺而死。

圖
48

伊藤博文

大同團結運動

Daidō Danketsu
Undō；
Daidō Danketsu
Movement

自由民權各派反政府的統一運動。1887 年 10 月，後藤
象二郎藉片岡健吉提出三大事件建議之機，創建丁亥俱
樂部，聯絡自由、改進兩黨人士懇談，號召自由民權
派「去小異，存大同」，統一開展反政府運動，以修改
不平等條約、減輕地稅、建立議會政治為運動綱領。同
年 12 月，政府公佈《保安條約》加以壓制。次年 2 月，
改進黨黨魁大隈重信入閣，運動出現分裂，後藤象二郎
到各地演說和鼓動。1889 年 3 月，後藤象二郎出任黑田
內閣遞信大臣，這個由自由民權各派組成的鬆散聯合運
動，至此便告瓦解。

明治憲法 —— 召開帝國議會

1889 年（明治二十二年）	頒佈《大日本帝國憲法》（明治憲法）。制訂《皇室典範》。東海道幹線通車。發生第一次資本主義經濟危機。
1890 年（明治二十三年）	立憲自由黨成立。制訂《教育敕語》。召開第一次帝國議會。東京、橫濱通電話。

大日本帝國憲法

Dainihon Teikoku
kenpō；
Constitution of the
Empire of Japan

通稱《明治憲法》，日本第一部憲法。1884 年由伊藤博文主持，參照《德意志帝國憲法》進行起草。1889 年 2 月 11 日由明治天皇頒佈，1890 年 11 月 29 日實施，標誌近代天皇制的確立。共七章七十六條，規定：天皇神聖不可侵犯，總攬統治權；議會協贊天皇行使立法權，天皇有權裁定法律、發佈敕令、命令；內閣輔助天皇行使行政權，其成員由天皇任免；應天皇諮詢的樞密院，擁有左右政務的實際權力；陸海軍由天皇統率，統帥權獨立於議會、內閣之外；臣民的一般權利得到承認，但須受有關法律的限制。第二次世界大戰後，《大日本帝國憲法》於 1946 年被《日本國憲法》所取代。

明治憲法

Meiji kenpō；
Meiji Constitution

即《大日本帝國憲法》。

圖
49

1889 年《大日本帝國憲法》頒佈

國體論

Kokutairou；
The Theory of
National Polity

第二次世界大戰前關於日本國家本質的官方正統主張。其初由江戶時代中期的國學者提出，明治維新後，成為官方的正統主張，認為日本國家和民族的根本，就在於萬世一系的天皇及其統治，神聖不可侵犯，必須絕對尊重和服從。

立憲自由黨

Rikken Kaishintō；
Constitutional Party

見「自由黨」條。

教育敕語

Kyōiku Chokugo；
Imperial Rescript on
Education

明治天皇關於教育根本方針的敕語。井上毅和天皇侍講元田永孚等起草，1890 年 10 月 30 日頒佈。內容要求臣民遵循儒家的道德規範，以忠孝為根本，修學習業以啟發智能，成就德器，重國憲，遵國法，「義勇奉公，以輔佐天壤無窮之皇運」。敕語被發給全國學校，進行禮拜誦讀，並通過教學加以貫徹，以造就忠君愛國的臣民。1948 年由國會宣佈失效。

甲午戰爭——三國迫日還遼

1894 年（明治二十七年）	開始修改不平等條約，簽訂《日英通商航海條約》。爆發中日甲午戰爭。
1895 年（明治二十八年）	中日簽訂《馬關條約》，日本佔領台灣。俄、法、德三國阻止日本侵佔遼東半島。
1897 年（明治三十年）	實行金本位制度。設立八幡製鐵所。成立勞動組合期成會。
1898 年（明治三十一年）	大隈、板垣組織憲政黨內閣。

陸奧宗光
Mutsu Munemitsu，
1844－1897 年

明治年間的外交官。和歌山藩武士出身，曾參加坂本龍馬為首的海援隊。明治政府建立後，任職外國事務局。1872 年任地稅改革局長。1877 年西南戰爭時圖謀叛亂，被判刑五年。1888 年起任駐美大使、農相。1892 至 1896 年任外相，收回治外法權，簽訂中日《馬關條約》。

- - - - - -

**日英通商
航海條約**
Anglo-Japanese
Commercial Treaty
of 1894

日本實現修改不平等條約的第一條條約。1894 年 7 月 16 日，即中日甲午戰爭前夕，由日本駐英公使青木周藏和英國外交大臣金帕利在倫敦簽訂，主要內容有：以開放日本內地為條件，廢除英國的領事裁判權；除部分商品外，其餘商品的進口稅率由日本自訂；保留英國對橫濱租界的永久租界權。1899 年生效，有效期十二年。後來歐美各國以此為標準，與日本改訂條約。1911 年再次改訂條約，日本收回關稅自主權。

中日甲午戰爭
Sino-Japanese War
of 1894 – 1895

1894 年爆發的中日戰爭，因農曆為甲午年，故名。這年朝鮮發生東學黨事件，日本趁朝鮮政府向清朝要求援兵的時機，亦大舉出兵朝鮮半島。6 月 5 日，日本設立戰時大本營；7 月 25 日，日本攻擊中國軍隊；8 月 1 日，雙方宣戰。9 月間，中國陸、海軍在平壤戰役和黃海戰役中受挫；10 月，日軍分陸、海兩路進攻中國東北；11 月，佔領大連、旅順。1895 年 2 月，日軍攻陷威海衛，北洋艦隊全軍覆沒。戰事延至 3 月。4 月 17 日，中日訂立《馬關條約》。

日清戰爭
Niishin Sensō

即「中日甲午戰爭」。

勞動組合
期成會
Rōdō Kumiai
Kiseikai；
Society for
Formation of Labor
Unions

或譯「工會促成會」，十九世紀末年日本的工會運動團體。由片山潛、澤田半之助、高野房太郎等發起，1897 年 7 月成立。舉行演講會等活動，促進工會運動，要求制訂工廠法。在其指導下，成立了日本最早的工會鐵工組合（1897 年 12 月至 1906 年）和其他工會，發行刊物《勞動世界》（1897 年 12 月至 1905 年）。1898 年，有會員二千七百人。《治安警察法》頒佈後，於 1901 年無形解散。

工會促成會

「勞動組合期成會」的譯名。

派兵侵華——締結英日同盟

1900 年（明治三十三年）	實行《治安警察法》。八國聯軍之一，派兵到中國鎮壓義和團運動。立憲政友會成立。
1901 年（明治三十四年）	八幡製鐵所投產。日本社會民主黨成立。
1902 年（明治三十五年）	締結第一次英日同盟。《日韓議定書》成立。
1903 年（明治三十六年）	堺利彥等發行《平民新聞》。夏目漱石留英後回國。

軍部
Gunbu

日本軍方在第二次世界大戰前的通稱，實指凌駕於議會、內閣之上的軍隊當局。軍部在明治年間逐步發展形成。1878 年 12 月成立參謀本部，1893 年 5 月設立海軍的軍令部，1900 年使陸軍的教育總監部獨立；三個機構均直屬天皇，加上陸軍省、海軍省，構成軍部中央。戰時則由陸海軍設立大本營，直屬天皇。軍部擁有直接上奏天皇的帷幄上奏權。實行陸海軍大臣現役武官制，1900 年對此作了明文規定；1913 年取消「現役」條件，但實際任用不變；1936 年又恢復以前的規定。

立憲政友會
Rikken Seiyūkai；
Association of
Friends of
Constitutional
Government Party

簡稱「政友會」，第二次世界大戰前日本主要政黨之一。1900 年 9 月 15 日由伊藤博文領導成立，代表官僚、地主及財閥的利益，得到三井、安田、澀澤等財閥的支持，並接受解散後的憲政黨（從自由黨發展而來）黨員入會。其初支持政府，後曾參加兩次護憲運動，但保守性很

強。出任總裁的有伊藤博文、西園寺公望、原敬、高橋是清、田中義一、犬養毅及鈴木喜三郎。第一次世界大戰後，先後組織原敬內閣（1918－1921年）、高橋是清內閣（1921－1922年）、田中義一內閣（1927－1929年）和犬養毅內閣（1931－1932年）。1939年分裂為兩派，1940年解散。第二次世界大戰後，多數成員加入自由黨（後與民主黨合併，稱自由民主黨）。

政友會
Seiyūkai

「立憲政友會」的簡稱。

治安警察法
Chian Keisatsuhō；
Public Order and
Police Law of 1900

明治後期壓制集會、結社、言論自由的法律。由政府提出，經議會通過，1900年3月公佈實施，規定：政治集會、結社須向警察局申報；婦女、教師、軍人不得參加政治結社；警察有權停止集會、演說、群眾行動；限制工人的團結權、罷工權，實際上禁止同盟罷工（第十七條和第三十條）。有關婦女的規定，於1922年取消；第十七條和第三十條，於1926年廢除。1945年11月，《治安警察法》作廢。

黑龍會
Kokuryūkai；
Amur River Society

日本近代的右翼團體，玄洋社的派生組織之一。1901年成立。首領為內田良平，而以頭山滿為顧問。主要成員是在中國活動的日本浪人，標榜「大亞細亞主義」，極力策動侵佔中國大陸，故以黑龍江的「黑龍」二字為名。支持日本政府侵略中國和朝鮮，並擔任間諜特務工作。

1931 年與其他反動團體結成法西斯政黨「大日本生產黨」。第二次世界大戰後，於 1946 年被勒令解散。

桂太郎
Katsura Tarō，
1848 – 1913 年

日本首相（1901 – 1906 年、1908 – 1911 年、1912 – 1913 年在任）。陸軍大將。長州藩士出身。早年曾參與奇兵隊和戊辰戰爭。1870 年赴德國學習軍事。1873 年回國後，與山縣有朋一起致力於建設陸軍，歷任駐德公使館武官、陸軍省軍務局長等職。中日甲午戰爭時，任第三師團長。戰後任台灣總督、東京灣防衛總督。1808 至 1901 年任陸相。後三次組閣，在首相任內，締結英日同盟，進行日俄戰爭及吞併朝鮮，策劃大逆事件，鎮壓國內社會主義運動。後來在大正政變中下台，鬱悶而死。

田添鐵二
Tazoe Tetsuji，
1857 – 1908 年

日本早期社會主義者。熊本縣人。1892 年接受基督教洗禮。曾留學美國，學習神學、社會學。1900 年回國任報紙主編，後來參與社會主義運動。1906 年參與組成日本社會黨，次年提倡議會主義。其後在貧病交加中去世。

堺利彥
Sakai Toshihiko，
1870 – 1933 年

日本社會主義者。福岡縣人。早年為小學教師、記者，提倡自由民權思想。1901 年起，參與社會主義運動。1903 年與幸德秋水組織平民社，創刊《平民新聞》。日俄戰爭時期，積極進行反戰鬥爭。1905 年平民社解散，翌年成立日本社會黨。1908 年因赤旗事件被捕，判刑兩年。第一次世界大戰期間，創刊《新社會》雜誌。1920

年領導創立日本社會主義同盟。1922 年參與建立日本共產黨，為首任委員長。1923 年 6 月被捕，囚禁十個月。此後成為社會民主主義者，屬無產大眾黨、日本大眾黨和東京無產黨。九一八事變後，任全國農勞大眾黨反戰委員會委員長，反對日本佔領中國東北。

英日同盟
Anglo-Japanese
Alliance

1902 年 1 月 30 日英國與日本簽訂的軍事同盟。條約規定：日本承認英國在中國的特權，英國承認日本在朝鮮和中國的殖民利益；締約的一方如對第三國作戰，另一方應保持中立；締約的一方如對兩個或以上國家作戰，另一方應予以軍事援助。該同盟到 1921 年的華盛頓會議上才宣佈廢除。

日英同盟
Nichiei dōmei

即「英日同盟」。

夏目漱石
Natsume Sōseki，
1867 – 1916 年

著名文學家。生於東京。東京帝國大學英文科畢業，任教於東京高等師範學校等校。1900 年公費赴英國倫敦留學。1903 年回國後，任東京帝國大學講師，1907 年辭職，受聘為《朝日新聞》社作家。作品有《我是貓》、《虞美人草》、《三四郎》等，影響很大，在日本近代文學史上有重要地位。

日俄戰爭——擴大在華勢力

1904 年（明治三十七年）	日俄戰爭爆發。
1905 年（明治三十八年）	日俄締結《樸次茅斯條約》。
1906 年（明治三十九年）	日本社會黨成立。南滿洲鐵道株式會社（滿鐵）成立。

日俄戰爭
Russo-Japanese War

日本和沙皇俄國為重新分割中國東北和朝鮮而進行的戰爭。戰場主要在中國東北境內。1904 年 2 月 8 日，日本突然襲擊俄國在中國旅順口的艦隊。10 日，日俄戰爭正式爆發。1905 年 1 月，日軍攻陷旅順口；3 月，又在瀋陽附近擊潰了俄國陸軍主力；5 月，俄國從波羅的海調來增援的艦隊也在對馬海峽被日軍擊潰。經美國斡旋，1905 年 9 月 5 日兩國簽訂《樸次茅斯條約》。日俄戰爭後，日本取代沙俄在中國東北的支配地位，並準備進一步侵略中國。

日露戰爭
Nichiro Sensō

即「日俄戰爭」。「露」是日文對俄國（露西亞）的簡稱。

東鄉平八郎
Tōgō Heihachirō，
1848–1934 年

日本元帥，海軍大將。薩摩藩士出身，曾參加戊辰戰爭。1871 年赴英國學習海軍。中日甲午戰爭時，任「浪速」號艦長，偷襲中國艦隊。其後任海軍大學校長、艦

圖 50 日俄戰爭旅順開城（明治神宮繪畫館）

隊司令等職。1904 至 1905 年日俄戰爭時，任聯合艦隊
司令，在旅順和對馬海峽擊敗俄國海軍。1905 年起，任
軍令部長、軍事參議官、東宮學問所總裁等職，成為海
軍強硬派的後台。

樸次茅斯條約
Treaty of
Portsmouth

俄國與日本結束日俄戰爭後，重新瓜分中國東北及朝鮮
的和約。1905 年 9 月 5 日在美國樸次茅斯簽訂。共十五
條，主要內容為：俄國承認朝鮮為日本的勢力範圍；將
在中國遼東半島（包括旅順口和大連）的租借權轉讓予
日本；割讓庫頁島南部給日本。1945 年被廢除。

塔夫脱－桂太郎密約
Taft – Katsura Agreement

美、日兩國的密約。1905 年 7 月 29 日，美國總統西奧多·羅斯福的私人秘書、陸軍部長塔夫脱，與日本首相桂太郎在東京會談，訂立密約。其內容為：日本承認美國吞併菲律賓；美國同意日本為朝鮮的宗主國。

日韓保護條約
Japan – Korea Protectorate Treaty / Japan – Korea Treaty of 1905

又稱《乙巳保護條約》。日本將朝鮮成為其附屬國的條約。1905 年（乙巳年）11 月 17 日在漢城簽訂，規定朝鮮的對外事務由日本政府監督指導；未經日本同意，朝鮮不得簽訂任何條約；日本政府在朝鮮設統監，管理外交事項。其後根據 1907 年 7 月的《日韓協約》，統監還擁有立法、司法、行政和調派軍隊的權力，成為朝鮮半島的實際統治者。

日韓協約
Nikkan Jyōyaku

見「日韓保護條約」條。

東洋拓殖株式會社
Tōyō Takushoku Kaisha ; Oriental Development Company

日本從事殖民剝削的半官半民特殊公司，根據 1905 年《日韓保護條約》於 1908 年 12 月設立。其初總部設於漢城，以金融業為中心，從事兼併和出租土地，以及移民、墾殖等活動，後來又投資企業。1917 年總部移到東京，其活動擴大到中國東北、蒙古、華北和蘇聯遠東地區，以及東南亞部分地區。1938 年握有五十二個公司的股票。1945 年日本戰敗後被解散。

南滿洲鐵道 株式會社 South Manchuria Railway Company	簡稱「滿鐵」，日本在第二次世界大戰前設於中國東北的機構。1906 年 11 月開設，是半官半民公司，總社設於大連，分社在東京。其業務為經營南滿鐵路、撫順煤礦、鞍山鋼廠（1916 年成立）及其他工商農企業。會社內設東亞經濟調查局，搜集各種情報。1931 年，佔有中國東北的全部鐵路；1936 年，子公司達八十個；1937 年，將所屬重工業交滿洲重工業開發株式會社；1945 年 9 月停業，並由中蘇合營的中長鐵路公司接收（蘇聯於 1952 年將有關權益交還中國）。

滿鐵 Mantetsu	「南滿洲鐵道株式會社」的簡稱。

盧特－高平 協議 Root – Takahira Agreement	1908 年 11 月，美國國務卿盧特與日本駐美大使高平小五郎協商的換文。雙方強調太平洋上的貿易自由與和平發展，重申維護中國的門戶開放政策，和相互尊重遠東方面兩國控制下的領土。協議實質上是日本承認美國在菲律賓的地位，而美國則承認日本在中國東北的特權，暫時緩和了兩國在遠東的矛盾。

幸德秋水 Kōtoku Shūsui， 1871 – 1911 年	日本早期社會主義者。本名傳次郎，高知縣人，出身破落商人家庭。1888 年到大阪當中江兆民的學僕，後為記者。1898 年加入社會問題研究會，開始接受社會主義思想。1901 年，與片山潛一起創立社會民主黨。1903 年，

與堺利彥組織平民社，創辦《平民新聞》，反對日俄戰爭。次年與堺利彥合譯《共產黨宣言》。戰後逃亡至美國，開始接近無政府主義者。1907 年回國後，反對社會改良主義，堅持無政府主義觀點。1910 年大逆事件時被捕，次年被處死。在哲學上具有唯物主義和無神論思想，著有《二十世紀的怪物——帝國主義》、《社會主義神髓》等。

日本社會黨
Nihon Shakaitō；
Japan Socialist Party

①日本早期的社會主義政黨。1906 年 1 月，由堺利彥、片山潛等建立，但不久出現路線分歧，幸德秋水主張直接行動論，田添鐵二等提倡議會主義，意見對立。1907 年 2 月被禁。②第二次世界大戰後，日本的社會民主主義政黨。1945 年 11 月 2 日，由戰前各社會民主主義黨派成員聯合組成。1947 年 5 月至 1948 年 2 月，由書記長片山哲組閣。1951 年分裂為左右兩派，至 1955 年實現統一，但仍有派系之爭。長期為日本的最大在野黨，1996 年改組為社會民主黨。主要支持團體是日本勞動組合總評議會。

平民社
Heiminsha；
Society of
Commoners

明治末年的社會主義團體。1903 年 11 月 1 日，由幸德秋水、堺利彥等成立於東京。發行週刊《平民新聞》。與社會主義協會一起提倡以自由、平等、博愛為基礎的社會主義、平民主義、和平主義，反對日俄開戰。1905 年 1 月，《平民新聞》因受鎮壓而停刊；平民社於同年 10 月解散，1907 年間曾經一度重建，1910 年正式解散。

日韓合併——延續英日同盟

1910 年（明治四十三年）	鎮壓社會主義運動事件（大逆事件）。吞併朝鮮，設立朝鮮總督府。
1911 年（明治四十四年）	完全廢除與各國簽訂的不平等條約。簽訂第三次英日同盟。
1912 年（明治四十五年）	白瀨大尉登上南極大陸。

日韓合併
Japan's annexation of Korea

日本正式吞併朝鮮，使朝鮮淪為其殖民地。1910 年 8 月 22 日，日本強迫朝鮮簽訂《日韓合併條約》，規定朝鮮國王將統治權完全永久讓予日本天皇。8 月 29 日，條約公佈實施，同日頒佈天皇詔敕，改朝鮮統監府為朝鮮總督府，總督直屬天皇。1945 年日本投降後，「日韓合併」告終。

山縣有朋
Yamagata
Aritomo，
1838－1922 年

日本首相（1889－1891 年、1898－1900 年在任）、陸軍元帥。長州藩士出身，曾任奇兵隊總督。早年參加維新運動。明治初年任兵部少輔、大輔、陸軍卿。1869 至 1870 年視察歐美，回國後致力於確立日本近代軍制和軍備。1878 至 1882 年為首任參謀總長，後又兩任此職。1885 年任內務卿。1886 年兼農商大臣。曾兩次組閣。中日甲午戰爭時，任第一軍司令官，大本營監軍兼陸軍大臣。日俄戰爭期間，任陸軍參謀總長兼兵站總監。

1905 年起任樞密院議長。1909 年伊藤博文死後，成為日本最有勢力的元老。

赤旗事件
Akahata Jiken；
Red Flag Incident of
1908

日本政府迫害社會主義者的事件。1908 年 6 月 22 日，東京社會主義者舉行歡迎出獄同志大會，會後舉著紅旗唱著革命歌曲走上街頭，遭到警察鎮壓。大杉榮等十五人被捕，並被判處徒刑。

大逆事件
High Treason
Incident of 1910

亦稱「幸德事件」，日本明治政府鎮壓社會主義運動的事件。赤旗事件後，日本政府對社會主義運動採高壓政策，工人宮下太吉等準備製造炸彈，進行破壞活動。1910 年 5 月，宮下被捕；6 月，政府逮捕數百名社會主義者，並以陰謀暗殺天皇的「大逆罪」，對其中二十六人作出起訴。次年 1 月，判處二十四人死刑、二人有期徒刑。1 月 24 日，幸德秋水、宮下太吉等十二人被處決，其他十二人改為無期徒刑。赤旗事件和大逆事件後，社會主義運動陷入低潮。

幸德事件
Kōtoku Jiken

即「大逆事件」。

大正時代

（1912-1926年）

11 大正時代

大正民主——兩次護憲運動

1913 年（大正二年）	發生大正政變（第一次護憲運動）。立憲同志會（後改憲政會）成立。
1914 年（大正三年）	參加第一次世界大戰。
1915 年（大正四年）	對中國提出「二十一條」。
1916 年（大正五年）	吉野作造倡導民本主義。
1918 年（大正七年）	干涉俄國革命，出兵西伯利亞。發生米騷動。原敬組織政黨內閣。
1919 年（大正八年）	各地發生普選運動。

大正天皇

Taishō Tennō；
Emperor Taishō，
1879 – 1926 年

日本天皇（1912 – 1926 年在位）。名嘉仁，明治天皇的第三皇子。1889 年立為太子。1912 年接任皇位後，改年號為大正。因身體病弱，1921 年 11 月由皇太子裕仁親王（昭和天皇）任攝政。

圖
52

大正天皇

圖 53　大正八年（1919）三大祝典紀念

大正民主運動
Taishō Democracy
Movement

亦稱「大正德謨克拉西」，大正年間民眾要求民主改革的運動。始於 1912 年 12 月至 1913 年 2 月的第一次護憲運動，而止於 1924 年 1 月至 6 月的第二次護憲運動。反對藩閥專制、軍部跋扈，爭取確立以議會為中心的憲政和實行普選；天皇機關說和民本主義，是其主要理論。1924 和 1925 年，實現了政黨政治和男子普選權。大正民主運動又要求個性解放，男女平等的思潮也有所傳播。

- - - - - -

大正德謨克拉西
Taishō Democracy

即「大正民主運動」。

- - - - - -

天皇機關說
Tennō kikan setsu；
Emperor organ theory

大正民主運動和政黨政治的主要理論。由美濃部達吉提出的憲法學說，認為統治權是屬於國家的，天皇行使統治權不是個人私事，而是作為國家機關的公事，從而強

調應該根據輔佐者的建議行事。這就把議會、內閣置於國家政治的中心。1912 年美濃部達吉通過同天皇主權論者上杉慎吉的爭論，使其學說為學術界所公認。1935 年，天皇機關說被國體明徵運動所扼殺。

美濃部達吉
Minobe Tatsukichi，
1873－1948 年

日本憲法學者。兵庫人。東京大學畢業，留學德國。1902 至 1932 年任東京大學教授。1907 年為帝國學士院會員。創立天皇機關說，反對天皇主權論。1932 年為貴族院議員。1935 年國體明徵運動中，其學說遭到圍攻，並以不敬罪被起訴，著作遭禁。同年辭去貴族院議員。戰後任憲法調查委員會顧問，反對立即修改憲法。著有憲法和行政法著作多種。

大正政變
Taishō seihen；
Taishō Political
Crisis

日本第一次護憲運動導致藩閥內閣垮台的事件。1912 年 12 月陸軍為強行實現增設兩個師團，陸相辭職，西園寺內閣因此垮台，成立了桂太郎內閣。實業界團體、政友會和國民黨人士，以及新聞記者等，在東京發起擁護憲政運動，提出「擁護憲政，打倒閥族」，獲得反對增稅者的支持，並擴大到其他地方。政友會本部後來也加入運動。1913 年 2 月 5 日和 10 日兩次召開議會，均被數萬群眾包圍；10 日和 11 日，東京群眾搗毀了支持桂太郎的報社，燒毀警察局、派出所，騷動並擴大到京都、大阪等地；11 日，桂太郎內閣辭職。

友愛會
Yūaikai；
Friendship
Association

日本早期的工人團體。1912 年 8 月 1 日成立，領導人為鈴木文治。初創時僅十五人，具有濃厚的工人互助團體色彩。1914 年已在全國主要工業城市建立支部，1918 年逐漸向工會組織轉化，會員發展到三萬人，支部達到一百二十個；因內部左翼勢力增強，原來的「勞資合作」方針也有改變。1919 年 8 月，改名大日本勞動總同盟友愛會，成為全國工會聯合組織，1921 年改稱日本勞動總同盟。

- - - - - -

鈴木文治
Suzuki Bunji，
1885 – 1946 年

日本工會運動活動家、新聞記者。1911 年任基督教弘道會幹事，從事社會改良事業。1912 年創立友愛會，鼓吹「勞資合作」。第一次世界大戰後，任日本勞動總同盟會長、社會民眾黨中央執行委員，並多次出席國際工會會議。1928 年起，三次當選為眾議院議員。第二次世界大戰後參與建立社會黨。

- - - - - -

憲政會
Kenseikai；
Constitutional
Politics Association

日本主要政黨之一，1916 年 10 月成立。從立憲改進黨（1882 年）、進步黨（1896 年）、憲政本黨（1898 年）、立憲國民黨（1910 年）、立憲同志會（1913 年）演變而來，最後由立憲同志會與中正會、公友俱樂部合併組成。加藤高明、若槻禮次郎先後任總裁。1924 年間，與政友會、革新俱樂部共同推進第二次護憲運動。1927 年改組為立憲民政黨。

大陸政策
Continental policy

日本從明治年間開始企圖稱霸東亞的侵略和擴張政策。以軍事侵略為主，兼用政治、經濟、文化各種手段。1875 年日本發動江華島事件，進而侵略朝鮮，作為大陸政策的起點。主要事件還包括：挑起中日甲午戰爭，進行日俄戰爭，併吞中國台灣、朝鮮，把中國東北南部和福建劃分為勢力範圍；1912 和 1916 年兩次策劃滿蒙獨立運動，1914 年奪取德國在山東的權益，1915 年提出企圖滅亡中國的「二十一條」，1927 至 1928 年間召開東方會議和三次出兵山東；1931 年發動長達十五年的侵華戰爭。至 1945 年因日本戰敗而徹底破產。

帝國國防方針
Imperial Japanese National Defense Policy of 1907

大日本帝國的國防和軍事最高指導方針。根據山縣有朋的上奏，明治天皇命令參謀總長、軍令部長負責制訂。其後作成《帝國國防方針》、《國防所需兵力》、《帝國軍隊用兵綱領》，規定日本的可能敵國和擴軍規模等。1907年 4 月，得天皇裁可。1918 年、1923 年和 1936 年，曾經作了三次修改。關於可能敵國，原為俄、美、法，1918 年改為蘇、美、中，1936 年加上英國。

八八艦隊
Hachihachi Kantai；Eight-Eight Fleet

第一次世界大戰前後，日本針對美、英的海軍擴軍計劃。1910 年第二屆桂太郎內閣時，由海軍提出，要求建立一支艦隊，其基幹是艦齡不超過八年的戰列艦和巡洋艦各八艘。由於財政困難，議會只通過部分撥款。1920年議會通過將在 1927 年予以實現的方案，但是國家財政不堪負擔。1921 年華盛頓會議後，縮小為包括陳舊艦隻在內的六四艦隊。

日本財閥

日本財閥
Zaibatsu；
Japanese
financial
combines

第二次世界大戰前，日本的同族資本壟斷財團。財閥總公司的資本歸同族所有，通過控股方式，控制大批子公司，形成龐大的金字塔式支配結構。按照發展的歷史，可以分為舊財閥和新財閥：前者由德川幕府時的大特權商號和明治維新時的政商發展而來，形成於十九世紀末至二十世紀初；後者則是在第一次世界大戰前後，依靠重工業、化學工業發展而來的。按照經營和構成狀況，可分為：綜合財閥（如三井、三菱、住友、日產等）、以金融為中心的財閥（如安田、鴻池等）和以產業資本為主的財閥（如古河、淺野等）。三井、三菱、安田、住友合稱四大財閥。第二次世界大戰後被解散。

——

三井財閥
Mitsui zaibatsu

第二次世界大戰前，日本三井家族所支配的壟斷財團。原先是十七世紀初起家的江戶時代大特權商人，從戊辰戰爭起，成為政商，為新政府服務並得政府特別照顧。明治年間，先經營三井銀行、三井物產公司、三池煤礦等企業；1891 年起擴大經營工業，向財閥發展；1909 年成立三井合名公司，完成了成為財閥的轉變。通過控股方式，控制大批企業，是當時日本最大的財閥。三井同族會為最高機構。政治上支持政友會。第二次世界大戰後被解散。

圖54　三井越後屋吳服（和服的衣料）店，現三越百貨的前身。

圖55　1870年代的東京三井銀行

日本財閥

三菱財閥
Mitsubishi
zaibatsu

第二次世界大戰前，日本岩崎家族控制的壟斷財團。三菱為岩崎家徽。原為明治初年起家的政商，其初從事海運業；1873 年，改社名為三菱商社。在日本出兵台灣和西南戰爭時，為政府效力，從政府處獲得一批船隻和大量補助金，後來逐步擴大經營造船、礦山和銀行等。1893 年成立三菱合資公司，轉化為財閥。總公司為控股公司，地位僅次於三井財閥。由岩崎彌太郎及其直系子孫所控制。政治上支持改進黨、民政黨這一系統的黨派。第二次世界大戰後被解散。

———

住友財閥
Sumitomo
zaibatsu

第二次世界大戰前，日本住友家族控制的壟斷財團。原先是江戶時代的銅商、金融業者，明治維新後，以別子銅礦為中心，並發展相關產業。1895 年創立住友銀行，又設立住友倉庫、住友鑄銅所；1921 年，總店改組為住友合資會社，統轄下屬企業。戰後經歷財閥解體改革，以原金融機構為中心重新發展。

日本財閥

安田財閥
Yasuda
zaibatsu

第二次世界大戰前的壟斷財團。創立者安田善次郎在江戶末年是貨幣兌換商，1864 年設立安田屋。1880 年成立安田銀行，其後以安田保善社為中心，向保險、倉儲、鐵道等方面發展。1923 年設立安田信託，成為以金融為中心的財閥。戰後財閥解體，保善社解散，與安田家族脫離關係，安田銀行改為富士銀行。

———

古河財閥
Furukawa
zaibatsu

第二次世界大戰前的財閥。以古河市兵衛經營的礦山為基礎，以銅產量號稱第一的足尾銅礦為中心，重工業在其事業中所佔的比重，高於其他財閥。第一次世界大戰期間迅速發展起來，建立了銅加工、電線、化學、製鋁、機械等產業。

———

澀澤財閥
Shibusawa
zaibatsu

實業家澀澤榮一創建的財閥。1873 年他離開大藏省，主持第一國立銀行，創辦王子製紙、東京石川島造船會社、石川島飛機、澀澤倉庫、自動車工業等，於 1915 年設立家族持股公司。第二次世界大戰後解散。

寺内正毅
Terauchi Masatake，1852 – 1919 年

日本首相（1916 – 1918 年在任）。曾任陸軍元帥、陸軍大將。長州藩士出身。早年從軍，參與戊辰戰爭；在西南戰爭中，右手負傷失靈。1885 至 1887 年赴法國留學。1888 年任陸軍士官學校校長，其後歷任參謀本部次長、教育總監、陸軍大臣、朝鮮總督等職。1916 年升元帥，同年 10 月組閣，出兵西伯利亞。由於發生米騷動，1918 年 9 月被迫辭職。

圖56 寺內正毅

民本主義
Minpon shugi；Democracy

大正民主運動中提倡憲政的思想。以吉野作造為主要代表，並以 1916 年他在《中央公論》上發表的〈論憲政之本義及其善始善終之途徑〉為代表作。認為天皇總攬統治權，民主主義不適用於日本，但天皇主權的運用應以民眾為本位，施政必須重視民眾的意向。要求實行普選，加強議會、政黨的地位和作用。

吉野作造
Yoshino Sakuzō，1878 – 1933 年

日本民本主義思想家、法學博士。宮城縣人，商人家庭出身。1904 年東京大學畢業。1910 至 1913 年留學歐

美，後任東京大學教授。經常發表時事政治評論，提倡民本主義，要求實行普選，縮小貴族院、樞密院的權限，反對軍部凌駕於議會、內閣之上。主張不干涉中國內政，同情五四運動。組織黎明會，對學生、知識分子深有影響。晚年專心研究明治文化史。

貧乏物語
Binbō monogatari

河上肇著，1917 年出版，旨在探求社會問題的根源，試圖找出消弭貧困的方法。1930 年發表《第二貧乏物語》，提出解決貧困的方法從「人心之改造」轉變為「社會之改造」。

日俄協定
Japanese – Russo
Treaty of Alliance

1916 年 7 月 3 日俄國外交大臣薩松諾夫和日本大使本野在彼得堡簽訂的同盟條約。分為公開協定、秘密協定、附款及換文。公開協定規定：俄國和日本不參加旨在反對另一方的任何政治集團，一旦兩國在遠東的領土權利或特殊利益受到威脅，雙方應共同商討當時必須採取的措施。秘密協定則規定：必須保護中國免受任何一個與俄國或日本敵對的第三國的政治統治；如果由於經共同同意採取的措施而發生第三國對締約國一方宣戰的情況，另一方應即行前往援助。協定有效期為五年，應嚴格保守秘密。

石井－藍辛協定
Ishii – Ranshingu
Kyōtei

1917 年 11 月 2 日，日本前外相、特別使團團長石井菊次郎與美國國務卿藍辛在華盛頓簽訂的秘密協定。協定的

主要內容為：美國擁認日本在中國擁有「特殊利益」，日本則保證遵守美國的「門戶開放」和「機會均等」原則。

藍辛－石井協定
Lansing – Ishii
Agreement

即「石井－藍辛協定」。

米騷動
Kome sōdō；
Rice riots of 1918

1918 年日本因米價暴漲而爆發的全國性群眾運動。第一次世界大戰末期，由於日本政府搜購軍糧，米商囤積居奇，米價不斷上漲，人民生活急劇惡化。在俄國十月革命影響下，群眾運動迅趨高漲。1918 年 7 月 23 日，富山縣魚津町（今魚津市）的漁民婦女，拒絕將大米裝運出縣，行動擴及富山沿海村鎮，反對外運糧食和米商抬高米價的鬥爭迅速席捲全國。群眾到處搗毀大米批發行和交易所，襲擊公司企業和礦山的辦事處。有些地區還爆發礦工暴動和農民暴動。前後持續五十七天，波及一道三府三十三縣，參加者達一千萬餘人，至 9 月 17 日因政府調遣大批軍警鎮壓和進行救濟而大致平息。被捕者有數萬人，被起訴者七千七百餘人。米騷動本身雖然失敗，但它使寺內正毅內閣倒台，推動了工農運動和民主運動的發展。

新人會
Shinjinkai

第一次世界大戰後，日本以東京大學學生為主的進步團體。1918 年 12 月成立，得到東大教授吉野作造、工人渡邊政之輔的支持，以「解放人類和合理改造現代日本」為宗旨。後在各地建立支部，舉辦演講會、研究會，發

行雜誌，並提出「到人民中去」的口號，逐步接近工人運動。1920 年改組為東京大學的校內團體，會中曾湧現不少社會運動的領導人。1928 年 4 月被校方勒令解散，但仍非法堅持到次年。

原敬
Hara Takashi，
1856 – 1921 年

日本首相（1918 – 1921 年在任）、立憲政友會總裁。南部藩（今岩手縣）家老之子。曾為記者。1882 年任職外務省，逐步任外務次長、駐朝鮮公使。1897 年任《大阪每日新聞》社長。參與成立立憲政友會。1902 年當選眾議員。同時任北濱銀行總經理、古河礦業公司董事長。多次入閣。1914 年任政友會總裁。1918 年米騷動後，以「平民首相」身分組織政黨內閣。後被暗殺。

西園寺公望
Saionji Kimmochi，
1849 – 1940 年

日本政治家、首相（1906 – 1908 年、1911 – 1912 年在任）。京都人。上層公卿家出身。早年參加維新運動，任討幕軍山陰道總督、大參謀。1871 年赴法國留學。1880 年回國後，創立明治法律學校。1881 年與中江兆民等創刊《東洋自由新聞》，任社長兼主編，主張自由民權。後任駐奧、駐德公使等職。1894 至 1896 年、1898 年任文相。1900 年起任樞密院議長。1903 至 1914 年為政友會總裁。曾兩次組閣，均因同軍部勢力衝突辭職。1919 年以日本首席全權代表身分出席巴黎和會，同年封公爵。1924 年起以僅存元老的地位，負責向天皇奏薦首相，直至 1937 年推薦近衛文麿組閣後辭任。

猶存社 Yūzonsha	日本最早的法西斯團體。1919 年 8 月，由大川周明、滿川龜太郎等在東京建立，並派大川到上海邀北一輝參加。其綱領為「建設革命的日本，合理組織日本國家，推進民族解放運動，建立改造運動之間的聯絡」等。發行刊物《雄叫》，鼓吹發動政變，「改造」國家，實行重分世界。1923 年 2 月，因內部分歧而瓦解。

北一輝 Kita Ikki， 1883 – 1937 年	日本法西斯主義理論家。新潟縣人，出身酒商家庭，後來家道中落。曾讀過中學，1904 年到東京，自學寫成《國體論及純正社會主義》一書。逐漸與黑龍會接近，並與宋教仁、譚人鳳等往還密切。1911 和 1916 年兩次赴中國，為大陸浪人。1919 年，在上海寫成法西斯主義綱領《日本改造法案大綱》。1920 年回國後，加入猶存社。後通過西田稅，與法西斯青年軍官接近。1932 年起，每年領取三井二萬日元的情報費。二二六事件後被處決。

關東軍 Kantōgun； Guandong Army	第二次世界大戰前，日本駐紮中國東北的陸軍。日俄戰爭後，日本向奪取得來的遼東半島租借地和南滿鐵路派駐守備部隊，歸關東都督府統轄。1919 年分設關東廳和關東軍司令部，把在中國東北的日本陸軍統一為關東軍。九一八事變後，日本侵佔中國東北全境，關東軍擴展為日本陸軍的精銳。太平洋戰爭爆發後，原有師團陸續調離，換成新編部隊，戰鬥力大不如前。1945 年 8 月，被中國軍隊和蘇聯軍隊擊潰。

關東地震——造成巨大破壞

1922 年（大正十一年）	華盛頓會議召開。全國水平社、日本農民組合、日本共產黨相繼成立。
1923 年（大正十二年）	發生關東大地震，死者十萬人以上。
1924 年（大正十三年）	護憲三派聯合內閣成立（第二次護憲運動）。
1925 年（大正十四年）	開始廣播事業。頒佈《治安維持法》。頒佈《普通選舉法》。日本勞動組合評議會成立。

全國水平社
Zenkoku Suiheisha

日本部落民為廢除封建身分差別、爭取人權平等而建立的社會組織。於 1922 年成立，曾在各地設立分社，積極展開反對種族歧視、政治壓迫和經濟奴役的鬥爭。1940 年停止活動。第二次世界大戰後，日本部落民繼承水平社運動傳統，於 1946 年建立部落解放全國委員會。1955 年改稱部落解放聯盟。

水平社
Suiheisha；
Society of Levelers

即「全國水平社」。

**日本部落
解放聯盟**
Buraku Liberation
League

見「全國水平社」條。

日本勞動總同盟

Nihon Rōdō Sōdōmei；Japan Federation of Labor

簡稱「總同盟」，日本工會聯合組織。1919 年 8 月，友愛會改稱大日本勞動總同盟友愛會；至 1921 年 10 月，改稱日本勞動總同盟。1922 年，在綱領中提出實現自由平等的新社會等要求。1924 年起，內部左右兩派對立加劇；1925 年左翼工會被開除。1936 年與全國勞動組合同盟（1930 年成立）合併，組成全日本勞動總同盟（簡稱全總）。1940 年 7 月解散。

總同盟

Sōdōmei

「日本勞動總同盟」的簡稱。

日本共產黨

Nihon Kyōsantō；Japan Communist Party

日本無產階級政黨。在共產國際和片山潛的幫助下，1922 年 7 月 15 日成立於東京。1923 年黨員遭到大逮捕，1924 年 3 月，山川均等人鼓吹取消主義，決定解散。經過部分黨員的努力，於 1926 年 12 月重建，開展了革命活動和反對出兵山東的鬥爭。1928 和 1929 年，又遭遇三一五、四一六兩次大逮捕。以後仍堅持鬥爭，但不斷遭到鎮壓。1935 年 3 月後，中央機構不再存在。第二次世界大戰後，1945 年 10 月重建黨組織。1977 年有黨員四十萬人。

片山潛

Katayama Sen，1859 – 1933 年

日本共產黨創始人之一，國際共產主義運動活動家。生於岡山縣的農民家庭。當過印刷工人，後來赴美邊工邊讀。1897 年，參與創辦日本最早的工會鐵工組合和最早

的工人刊物《勞工世界》。1901 年起，積極參加日本社
會民主黨和社會黨的組織領導工作，大力宣傳社會主義
思想及領導工人運動。十月革命後，成為馬克思列寧主
義者；1919 年起，參與美國、墨西哥、加拿大等國共產
黨的創建活動。1921 年移居蘇聯，任共產國際執行委員
會委員。1922 年領導創立日本共產黨。1927 及 1929 年
兩次參加世界反帝同盟大會，反對帝國主義干涉中國革
命。1931 年日本侵佔中國東北時，積極領導日本人民進
行反對日本帝國主義侵華的鬥爭。1933 年病逝於莫斯
科。著有《片山潛自傳》、《日本的勞工運動》等。

市川正一
Ichikawa Shōichi，
1892 – 1945 年

日本共產黨領導人之一。山口縣人。1916 年早稻田大
學畢業。十月革命後接受馬克思主義。曾從事刊物《無
產階級》的撰稿和編輯。1922 年參與創立日本共產黨，
1926 年當選為黨中央委員，次年任黨中央常務委員、宣
傳部長。1928 年三一五事件後，成為日本共產黨的主要
領導人。1929 年四一六事件時被捕，死於獄中。他在公
審法庭上揭露了日本帝國主義的罪行，陳述了日本共產
黨鬥爭的歷史，其發言紀錄經日共整理後，以《日本共
產黨鬥爭小史》書名出版。

德田球一
Tokuda Kyūichi，
1894 – 1953 年

日本共產黨的創始人和領導人之一。沖繩縣人。日本大
學畢業，曾當律師，並投身社會主義運動，1920 年加入
社會主義同盟。1922 年參與創立日本共產黨，並當選為
中央委員。1924 年後，成為重建日本共產黨的核心人

物。1928 年在三一五事件中被捕。日本戰敗投降後，於 1945 年 10 月出獄，12 月當選為日共總書記。次年當選為國會議員，但為美國佔領當局所迫，轉入地下。1953 年 10 月在北京病逝。

渡邊政之輔
Watanabe
Masanosuke，
1899 – 1928

日本共產黨早期領導人之一。千葉縣人。當過店員和工人。第一次世界大戰後參加工人運動，曾加入友愛會。1922 年參與創立日本共產黨，1924 年加入日本勞動總同盟，為其左派核心人物；次年總同盟分裂後，組織勞動組合評議會。1926 年當選為黨中央委員，1927 年起任黨的總書記。1928 年三一五事件後，到上海與海外同志聯繫；其後乘船回國，由上海抵達台灣基隆港時，被警察發現，與追捕者搏鬥後自殺。

野呂榮太郎
Noro Eitarō，
1900 – 1934 年

日本工人運動活動家。北海道人。1929 年參與建立無產階級科學研究所。1930 年出版重要著作《日本資本主義發展史》。1931 年開始籌劃和領導編寫《日本資本主義發展史講座》。1930 年參加共產黨。1932 年日共中央遭破壞後被迫轉入地下活動。1933 年 5 月開始主持日共中央書記處工作，同年 11 月被捕，次年 2 月在品川警察局被拷打致死。

關東大震災
Kantō daisinsai；
Great Kantō
Earthquake of 1923

1923 年 9 月 1 日日本關東地區發生的地震火災。災區波及東京府及神奈川、千葉、埼玉、靜岡、山梨、

茨城六縣。死傷及下落不明者十五萬人，損失財產達六十五億日元。日本政府利用震災期間的混亂局面，縱容警憲和暴徒，大肆屠殺革命工人、社會主義者和僑居日本的朝鮮人和中國人，造成大規模白色恐怖。

黑田清輝
Kuroda Seiki，
1866－1924 年

西洋畫家。曾遊學法國，創立白馬會，將法國印象派繪畫介紹到日本。他以裸體模特兒進行寫生，是日本藝術界的首次。曾任帝國美術院院長、貴族院議員，是日本近代西洋畫派的確立者，代表畫作有《湖畔》、《讀書》、《花野》。

加藤高明
Katō Takaaki，
1860－1926 年

日本首相（1924－1926 年在任）。愛知縣人。1881 年東京大學畢業，進入三菱總公司。後留學英國，歸國後為三菱總公司第二領導人，成為三菱家女婿。1888 年後，歷任駐英公使、大使和三屆內閣外相，力主締結日英同盟，向中國提出「二十一條」。1916 年組織憲政會，任總裁。1924 年組織護憲三派內閣，制訂男子《普通選舉法》和《治安維持法》。1925 年繼續組閣，在任內去世。

若槻禮次郎
Wakatsuki Reijirō，
1866－1949 年

日本首相（1926－1927 年、1931 年在任）。島根縣人。東京大學畢業後，任職大藏省。1912 及 1914 年，兩任大藏大臣。與加藤高明共組憲政會，參加第二次護憲運動。1924 年任內務大臣。1926 至 1927 年及 1931 至 1934 年任憲政會總裁。1926 至 1927 年及 1931 年任首相。

1930 年間，曾任倫敦海軍裁軍會議的全權代表。

日本農民組合
Nihon Nōmin
Kumiai；
Japan Farmers'
Union

或譯「日本農會」，簡稱「日農」。①日本最早的農民組合全國組織。1922 年 4 月建立，在各地領導減免佃租等鬥爭。1926 年發生分裂；1928 年 5 月，與分裂出去的全日本農民組合合併，稱全國農民組合。②日本右翼農民組合的全國組織。1931 年 1 月建立，1941 年 3 月解散。③第二次世界大戰後，日本農民組合的全國組織。1946 年 2 月建立，領導推進農地改革等鬥爭。1947 年分裂。1958 年各派重新合併，建立全日本農民組合聯合會。

日本農會
Nihon Nōkai

「日本農民組合」的譯名。

日農
Nichinō

「日本農民組合」的簡稱。

**日本勞動組合
評議會**
Nihon Rōdō Kumiai
Hyōgikai；
Japan Council of
Trade Unions

簡稱「評議會」。1925 至 1928 年日本左翼工會的聯合組織。1925 年 5 月，由遭到日本勞動總同盟開除的關東地方評議會等三十二個左翼工會組成，當初有會員一萬二千餘人，接受共產黨的領導。1928 年三一五事件後，被解散。1928 至 1934 年間，左翼工會又建立日本勞動組合全國協議會（簡稱全協）。

評議會
Hyōgikai

「日本勞動組合評議會」的簡稱。

治安維持法
Chian Iji Hō；
Peace Preservation
Law of 1925

日本在第二次世界大戰前用以鎮壓進步力量的法律。護憲三派內閣在準備實施男子普選權的同時，應樞密院的要求，向議會提出此法。1925 年 3 月通過，5 月 12 日生效，規定凡組織或參加旨在改變國體和私有財產制的結社者，最重可判十年徒刑。1928 年田中義一內閣提出修正案，改為最重刑罰至死刑。眾議院未予通過，遂於 6 月以緊急敕令公佈。1941 年又作全面修改，增加「準備結社罪」，對嫌疑人員可進行預防拘留，使迫害擴及持不同政見的宗教、文化人士和自由主義者。1945 年 10 月被廢除。

森鷗外
Mori Ōgai，
1862 – 1922 年

文學家。東京大學醫學部畢業後當軍醫，曾赴德國留學，回國後從事文學創作和翻譯，積極介紹歐洲文藝。晚年從事歷史小說和史傳的寫作。主要作品有《舞姬》、《即興詩人》、《阿部一郎》、《大鹽平八郎》等。他與夏目漱石並稱兩大文豪。

12

昭和時代

（1926-1989年）

12　昭和時代

田中義一──召開東方會議

1927 年（昭和二年）	發生金融恐慌。出兵中國山東。召開東方會議。
1928 年（昭和三年）	第一次普選。發生三一五事件。駐中國日軍與國民革命軍發生衝突，爆發濟南慘案。

昭和天皇

Shōwa Tennō；
Emperor Shōwa，
1901 – 1989 年

日本第一百二十四代天皇，1926 至 1989 年在位。大正天皇長子。名裕仁。1921 年 11 月起攝政，1926 年即位為天皇，改元昭和。在位前期，日本先後發動侵華戰爭和太平洋戰爭；1945 年戰敗投降後，翌年發表《人間宣言》，否定天皇為「現人神」。《日本國憲法》規定天皇為「日本國的象徵」，是「日本國民統合的象徵」。昭和後期，日本國力逐漸恢復，經濟迅速增長。

圖 57　1921 年，20 歲的裕仁皇太子（昭和天皇）前往歐洲訪問。

幣原喜重郎
Shidehara Kijūrō，
1872 - 1951 年

日本外交官、首相（1945 - 1946 年）。大阪人。東京大學畢業後，任職外務省。1915 年起，歷任外務次官、駐美大使、華盛頓會議全權委員。1924 至 1927 年及 1929 至 1931 年，任五屆內閣的外相，推行「協調外交」。1945 年 10 月至 1946 年 5 月，任首相。後任國務大臣、進步黨總裁、民主黨和自由民主黨最高顧問、眾議院議長。

南進政策
Nanshin seisaku；
Southern Expansion
Doctrine

日本帝國主義的一種侵略政策，亦作「南進論」。第二次世界大戰前和大戰期間，日本統治集團內部，在軍事侵略路線上有所謂「北進論」和「南進論」兩種主張，兩者都把侵略中國作為「既定國策」，所不同的是前者主張侵佔中國後北攻蘇聯，以霸佔整個亞洲；後者主張侵華後向東南亞擴張，以便獨霸西南太平洋。1941 年日本發動了太平洋戰爭，推行其所謂「南進」的政策。

北進政策
Hokushin seisaku；
Northern Expansion
Doctrine

日本帝國主義的一種侵略政策，亦作「北進論」。參見「南進政策」條。

皇道派
Kōdōha；
Imperial Way
Faction

二十世紀三十年代日本陸軍中的派閥。以荒木貞夫、真崎甚三郎為首，由少數將、佐級軍官和部分青年尉官構成。荒木貞夫任陸相時，極力鼓吹皇道精神，狂熱煽動對外侵略，故稱為皇道派。此派青年軍官，主張推行法

西斯主義的「國家改造」。因片面強調精神主義，推行派閥人事，失去多數中上層軍官的支持。1934 年 1 月，荒木辭任陸相，次年 7 月真崎被免去教育總監之職，此派日益失勢。1936 年二二六事件後，在陸軍中的勢力被肅清。

統制派
Tōseiha；
Control Faction

二十世紀三十年代日本陸軍的派別之一。其成員曾支持荒木貞夫任陸相，後來因與皇道派有分歧，1932 年以永田鐵山為中心，另立為一派。1934 年 1 月，支持林銑十郎任陸相，3 月永田鐵山任軍務局長，遂支配陸軍。此派強調先解決「中國問題」，確立總體戰體制，做好與美、蘇長期作戰的準備，並主張消除軍內派閥。二二六事件後，清除了陸軍中的皇道派，建立了陸軍中央對全軍的統制，統制派自身也不再存在。

勞動農民黨
Rōdō Nōmintō

日本的左翼政黨。1926 年 3 月，由七個團體聯合組成。初由右派掌握領導權，其後五個團體退出，左派取得領導權，大山郁夫任委員長。在日本共產黨領導下展開鬥爭，並於 1928 年普選中獲得兩個議席。1928 年三一五事件後，團體被禁。1929 年 11 月至 1934 年 7 月，大山郁夫、河上肇等又曾組織左翼合法政黨勞動黨（又稱新勞農黨）。

新勞農黨
Sin Rōnōtō

見「勞動農民黨」條。

田中奏摺 Tanaka Memorandum	1927 年 6 月至 7 月間，日本政府在東京召開東方會議，討論並決定侵略中國的具體方針，據傳日本首相田中義一曾上奏一份秘密奏摺給天皇。內稱「欲征服中國，必先征服滿蒙；欲征服世界，必先征服中國」，暴露了日本帝國主義的侵略野心。

立憲民政黨 Rikken Minseitō； Constitutional Democratic Party	簡稱「民政黨」。日本昭和前期兩大政黨之一。1927 年 6 月 1 日，由憲政會和政友本黨（1924 年從政友會分裂而出）合併而成。濱口雄幸任總裁，主要成員為城市資本家和知識分子，保守性很強，與三菱財閥關係極密。二二六事件後，內部分裂為兩個派系，一派以町田忠治為首，另一派以永井柳太郎為首。1940 年 8 月解散。第二次世界大戰後，大部分成員參加了進步黨（後改名民主黨）。

民政黨 Minseitō	「立憲民政黨」的簡稱。

三一五事件 March 15th Incident	日本政府鎮壓共產黨人的事件。1928 年 2 月的國會選舉中，日本共產黨和勞動農民黨的力量開始增長。3 月 15 日，田中義一政府在一道三府二十七縣逮捕共產黨員及其支持者一千六百人（全年共逮捕三千四百餘人）。4 月 10 日，政府下令解散勞動農民黨、勞動組合評議會和無產階級青年同盟。

四一六事件
April 16th Incident

日本政府鎮壓共產黨人的事件。1928 年三一五事件後，田中義一內閣繼續鎮壓共產黨人。1929 年 3 月，政府搜獲共產黨員名冊；4 月 16 日，在一道三府十六縣逮捕大批共產黨人和進步人士。全年共逮捕四千九百餘人，其中被起訴者三百餘人。日共組織遭到嚴重破壞，絕大多數領導人都被逮捕入獄。

全國農民組合
Zenkoku Nōmin Kumiai

簡稱「全農」。①日本左翼和中間派農民組合的全國組織。1928 年 5 月，由日本農民組合與從中分裂出來的全日本農民組合合併建立，是當年日本農民組合運動的主要組織。1931 年分裂，1934 年重歸統一。1938 年 2 月解散。②第二次世界大戰後，日本右翼社會民主主義者領導的農民組織。1947 年 7 月建立，1958 年參加全日本農民組合聯合會。

全農
Zennō

「全國農民組合」的簡稱。

東方會議
Tōhō Kaigi

日本田中義一內閣策劃侵略中國的會議。1927 年 6 月 27 日至 7 月 7 日在東京舉行，有外務省、軍部中央官員及與中國有連繫的外交官參加。首相兼外相田中義一提出《對華政策綱領》，宣稱日本在中國滿蒙的「特殊地位權益」如受侵犯，將「斷然作出自衛措施」，並主張支持中國東三省的「自治」。會後據中國有關方面披露，田

中曾有一份上奏天皇的秘密奏摺，內稱「欲征服中國，必先征服滿蒙；欲征服世界，必先征服中國」。究竟有無《田中奏摺》，一直有爭論，但日本後來的侵略行動，與這一奏摺是吻合的。

田中義一
Tanaka Giichi，
1863 – 1929 年

日本首相（1927 – 1929 年在任）、陸軍大將。長州藩士出身。陸軍大學畢業。參加過中日甲午戰爭，日俄戰爭時任陸軍參謀。其後歷任陸軍省軍事課長、軍務局長和參謀次長等職。1918 至 1921 年任陸相，出兵西伯利亞；1923 至 1924 年再任陸相，繼山縣有朋之後成為陸軍長州閥的首腦。1925 年退役後，任政友會總裁。1927 至 1929 年任首相時，兼外相和拓相（殖民大臣）。曾兩次出兵中國山東，並積極策劃侵佔中國東北。對內策劃三一五事件和四一六事件，鎮壓工人運動、民主運動和反戰力量。

圖 58 田中義一

經濟蕭條——軍國主義抬頭

1930 年（昭和五年）	經濟蕭條。
1931 年（昭和六年）	日軍在中國東北發動九一八事變。
1932 年（昭和七年）	建立「滿洲國」。日軍進攻上海（第一次上海事變）。發生五一五事件（暗殺犬養毅首相）。日共制訂《三二年綱領》。
1933 年（昭和八年）	日本退出國際聯盟。

宇垣一成
Ugaki Kazushige，
1868 – 1956 年

日本陸軍大將。岡山縣人。陸軍大學畢業。曾任陸軍省軍務局長、教育總監部長、陸軍次官等職。1924 至 1927 年，連任三屆內閣陸相。1924 年進行裁軍，用節省的經費來加強現代軍備。1929 年再任陸相，與三月事件有牽連。1931 年退出現役。後任朝鮮總督（1931 – 1936 年），和第一屆近衛文麿內閣的外相。戰後曾被解除公職，後當選參議員。

犬養毅
Inukai Tsuyoshi，
1855 – 1932 年

日本首相（1931 – 1932 年在任）。岡山縣人。曾就學於慶應義塾。1880 年創刊《東海經濟新報》，提倡保護貿易政策。1882 年當選為眾議院議員。1898 年大隈重信組閣時任文相。1922 年組織革新俱樂部。1923 至 1924 年任遞信相。1925 年加入立憲政友會，1929 年繼田中義一為總裁。1931 年 12 月組織政友會內閣。首相任內，日本大舉侵入中國東北。1932 年五一五事件時被刺死。

圖
59

1931 年犬養毅內閣

三月事件
March Incident

日本陸軍中央部分軍官陰謀政變的事件。主要策劃為櫻會的橋本欣五郎等人，參謀次長二宮治重、參謀本部第二部部長建川美次、陸軍省軍務局長小磯國昭及民間法西斯分子大川周明、社會民眾黨的龜井貫一郎等參與其事。他們計劃在 1931 年 3 月 20 日左右組織反對議會的群眾示威，製造混亂，軍隊乘機出動，包圍議會，迫使政黨內閣辭職，建立以陸相宇垣一成為首的軍政權。後因陸軍中央部分實權派的反對，宇垣一成亦拒絕參與，未能實行，有關人員沒有受到處分。

九一八事變
September 18th
Incident

日本武裝侵佔中國東北的事件。由日本關東軍的板垣征四郎、石原莞爾等直接策劃，1931 年 9 月 18 日晚上 10

時半，日軍在瀋陽北郊柳條湖炸毀南滿鐵路，嫁罪中國軍隊，立即進攻和佔領了中國軍隊的北大營。第二天，日軍佔領瀋陽、長春等南滿鐵路沿線要地。關東軍的行動得到軍部中央的支持，內閣亦步亦趨，侵略逐漸擴大，於 1932 年 1 月 3 日攻佔錦州，25 日佔領哈爾濱，至此遂侵佔中國東北全境。

柳條湖事件
Liutiaogou Incident

即「九一八事變」。

十月事件
October Incident

日本部分軍官陰謀政變的事件。1931 年的三月事件失敗後，櫻會的橋本欣五郎等再次策劃政變，參與其事的，有部分駐軍中的青年軍官和法西斯分子，如大川周明、西田稅、井上日召等。他們計劃在 10 月 21 日前後出動近衛師團的十幾個步兵中隊和海軍航空隊的若干飛機，突襲內閣會議，殺死首相、閣僚，建立以荒木貞夫為首的內閣。但因事洩，橋本欣五郎等被拘留而未能實行。

櫻會
Sakurakai

日本陸軍青年軍官的法西斯秘密組織。1930 年 9 月成立。由陸軍省和參謀本部的少壯派軍官組成。中心人物為橋本欣五郎中佐、根本博中佐、田中彌大尉等。其綱領規定，「以實現國家改造為最終目的，為此而有必要時，不惜使用武力」。主張建立軍部法西斯獨裁和出兵侵佔中國東北。其成員初為省部中佐和以下軍官，後來

有青年尉官參加，從二十餘人發展到一百五十人左右。1931 年 3 月和 10 月，兩次企圖發動政變（三月事件和十月事件），陰謀失敗後瓦解。

血盟團事件
League of Blood
Incident

日本近代的恐怖暗殺事件。井上日召與法西斯青年海軍軍官合謀，企圖發動叛亂，決定先由井上日召手下的農村青年，採用「一人一殺」的政策。1932 年 2 月及 3 月間，暗殺了民政黨幹部和前大藏大臣井上準之助、財界和三井財閥首腦團琢磨。事件很快被破獲，井上日召一伙被稱為「血盟團」。有關人員分別判處無期和有期徒刑，至 1940 年獲大赦。

五一五事件
May 15th Incident

日本法西斯軍人的武裝政變事件。二十世紀三十年代，日本內外矛盾極度尖銳，法西斯勢力日益抬頭。在大川周明等的支持下，1932 年 5 月 15 日，少數陸海軍「少壯派」軍人闖入首相住宅，殺死首相犬養毅，同時還襲擊了警視廳、政友會本部、三菱銀行和變電所等機關，企圖製造混亂，迫使政府發佈戒嚴令，成立軍政府。事件很快被平息，軍部乘機扼殺政黨政治，成立以海軍大將齋藤實為首的「舉國一致」內閣，軍部的法西斯勢力進一步加強。

三二年綱領

全名《關於日本形勢和日本共產黨任務的綱領》，1932 年共產國際領導制訂的日本共產黨綱領。片山潛、野坂參三等參與制訂，共產國際執委會西歐局通過。綱領規

定，日本統治體制由絕對君主制（天皇制）、地主土地所有制和壟斷資本主義這三個根本原因構成，日本革命的性質是「具有必須向社會主義革命轉化的傾向的資產階級民主主義革命」，當前則是首先進行反對帝國主義戰爭等鬥爭。

社會大眾黨
Shakai Taishūtō

日本昭和前期合法的右翼社會民主主義政黨。1932 年 7 月，由全國勞農大眾黨（1931 年成立）與社會民眾黨（1926 年成立）合併組成。委員長為安部磯雄，書記長為麻生久。標榜反資本主義、反共產主義、反法西斯主義，主張承認「滿洲國」，又講國際和平，反對軍需通貨膨脹。後接近軍部，加強了法西斯色彩。在新體制運動中，1940 年 7 月帶頭解散。

天羽聲明
Amō statement

日本外務省情報部長天羽英二於 1934 年 4 月 17 日會見記者時發表的聲明。此聲明強調日本對中國有特殊權利，不許別國干涉日本在中國的行動，反對別國向中國提供經濟、軍事援助。其內容與前廣田外相給駐華公使的電文是一致的，進一步暴露了日本獨霸中國的企圖。

國體明徵運動
Kokutai Meicho Movement

或譯「明確國體運動」，日本右翼勢力和軍部扼殺天皇機關說的政治運動。1935 年 2 月，菊池武夫在貴族院攻擊美濃部達吉的天皇機關說違反國體，貴、眾兩院議員群起響應，右翼團體和在鄉軍人會於全國掀起抨擊運動。3

月下旬，兩院先後一致通過要求明確國體的決議。軍部一再向岡田內閣施加壓力，內閣遂於 4 月禁止發行美濃部的有關著作，8 月和 10 月兩次發表明確國體的聲明。9 月，美濃部被迫辭去貴族院議員之職。

明確國體運動

「國體明徵運動」的譯名。

國策基準
Kihon Kokusaku Yōkō

日本廣田弘毅內閣擴大侵略戰爭的政策方案。1936 年 8 月 7 日，在五相（首相、陸相、海相、外相、藏相）會議上決定，帝國當前應確定的根本國策，在於「排除列強在東亞的霸道政策」，「一方面確保帝國在東亞大陸的地位，另一方面向南方海洋發展」。要求以這一根本國策為軸心，統一調整內外各項政策。

廣田弘毅
Hirota Kōki，
1878 – 1948 年

日本歷任駐荷公使和駐蘇大使。福岡市人。早年與玄洋社有聯繫。東京大學畢業後，任職外務省。1933 至 1936 年任外相時，提出「廣田三原則」，積極策劃侵華活動。二二六事件後組閣，任首相兼外相（1936 – 1937 年）。任內制訂《國策基準》，旨在擴軍備戰，發動全面侵華戰爭。1937 年近衛組閣時，又任外相。此後多次出席重臣會議，參與決定各項大問題。日本投降後，經遠東國際軍事法庭定為甲級戰犯，判處絞刑。

七七事變 —— 中日戰爭爆發

1936 年（昭和十一年）	退出倫敦裁軍會議。發生二二六事件（法西斯分子兵變）。簽訂《日德防共協定》。
1937 年（昭和十二年）	日軍在中國發動盧溝橋事變和上海事變，侵華戰爭全面爆發。日軍佔領南京，發生南京大屠殺。
1938 年（昭和十三年）	制訂《國家總動員法》。近衛發表「建設東亞新秩序」聲明。
1939 年（昭和十四年）	策劃哈拉哈地區武裝衝突，折兵兩萬（諾門坎事件）。

高橋是清
Takahashi
Korekiyo，
1854 – 1936 年

日本政治家、財政家。生於東京。曾赴美國學習，後為大藏省官吏。日俄戰爭時積極募集外債，後任日本銀行總裁、藏相。1921 年任首相、政友會總裁。1927 年任藏相。1931 年 12 月起，長期任藏相，推行軍需通貨膨脹，但主張財政應兼顧軍事與經濟的需要。在二二六事件中被殺害。

二二六事件
February 26th
Incident

日本法西斯軍人的武裝政變事件。1936 年 2 月 26 日凌晨，二十餘名皇道派青年軍官率領一千四百名士兵在東京發動政變，佔領政府重要機關，襲擊高級官吏住宅，殺死了內大臣齋藤實、大藏大臣高橋是清和陸軍教育總監渡邊錠太郎等人，並向陸軍大臣提出「兵諫」，要求成立「軍人政府」，建立軍事獨裁。由於軍閥集團內訌，

政變未能得逞。2 月 29 日，暴亂被平息。軍部進一步加強其政治發言權，使日本進一步法西斯化。

七七事變
Double-Seven
Incident

又稱「盧溝橋事變」，日本發動全面侵華戰爭的事件。1937 年 6 月，日軍在北平（今中國北京市）西南宛平附近一再舉行挑釁性演習。7 月 7 日晚上，日軍藉口一名士兵失蹤（不久後找到），要求中國軍隊撤出宛平。遭拒絕後日軍即炮轟宛平城和盧溝橋，當地中國駐軍第二十九路軍奮起抵抗。7 月 11 日，近衛文麿內閣決定向中國華北增派三個師團。事件發生後不久，日本對華侵略戰爭和中國的抗日戰爭便全面展開。

盧溝橋事變
Rokōkyō Jiken；
Marco Polo Bridge
Incident

即「七七事變」。「盧溝橋」原作「蘆溝橋」。

圖 60 1930 年代的盧溝橋

企劃院
Kikakuin；
Cabinet Planning
Agency

日本侵華戰爭和太平洋戰爭時的總動員機構。1935 年 5 月，設內閣調查局；1937 年 5 月擴大改組為企劃廳，同

年 10 月企劃廳與資源局（1927 年設立）合併為企劃院。自此成為親軍部的法西斯新官僚的據點，制訂物質動員計劃、國家總動員法案等，積極推進統制經濟、軍需生產。至 1943 年為軍需省所取代。

國民精神總動員運動

Kokumin Seishin
Sōdōin Undō ；
National Spiritual
Mobilization
Movement

日本動員國民支持侵略戰爭的法西斯思想運動。1937 年 8 月由第一屆近衛內閣發起，以「舉國一致，盡忠報國，堅忍持久」為宗旨。全國神職會、市長會、在鄉軍人會、勞動組合會議等七十四個團體，組成國民精神總動員中央聯盟作為內閣外圍團體，至 1940 年 4 月改設以首相為會長的國民精神總動員總部。除思想教化外，還包括動員捐款獻物、購買國債、勵行儲蓄、愛護物資等。其活動後來由大政翼贊會繼續推行。

國家總動員法

Kokka Sōdōin Hō ；
National
Mobilization Law

日本於 1938 年頒佈實施的戰時全面統制法令。第一屆近衛文麿內閣時，由企劃院起草，議會按原件通過。1938 年 4 月頒佈，5 月起逐步實施。內容規定政府有權對人力、資金、物資、物價、工資、企業、動力、運輸、貿易、出版等實行統制，有權不經議會而發佈、實行有關的命令、措施。實際上是議會向內閣的授權法。1945 年日本戰敗投降後被廢除。

產業報國會

Sangyō Hōkoku Kai

日本官方的法西斯勞工組織。1937 年在工廠、企業建立包括僱主、職工的產業報國會，1938 年 7 月成立半官半

民的產業報國聯盟。其宗旨是「勞資一體，產業報國，扶翼皇運」。1939 年在府縣建立聯合會，以知事或警察長官為會長，成為官方組織，大批工會解散。在 1940 年的新體制運動中，工會全部解散，同年 11 月成立了以厚生大臣為總裁的大日本產業報國會，全部工人都被強制編入。1942 年，置於大政翼贊會的領導下。日本戰敗投降後被解散。

近衛文麿
Konoe Fumimaro，
1891 – 1945 年

日本首相（1937 – 1939 年、1940 – 1941 年在任）。生於東京，近衛篤麿公爵長子。京都大學畢業。1919 年隨西園寺公望參加巴黎和會，回國後任貴族院議員。1933 年起任貴族院議長。1937 年 6 月任首相後，推行全面侵華戰爭，鼓吹建立「東亞新秩序」。1939 年起任樞密院議長。1940 至 1941 年間又兩次組閣，與德、意簽訂《三國軸心協定》，開始推行南進政策；對內頒佈《國家總動員法》，組織大政翼贊會，建立法西斯新體制。日本投降後自殺。

池田成彬
Ikeda Shigeaki，
1867 – 1950 年

第二次世界大戰前日本財界首腦之一。山形縣人。1888 年慶應義塾畢業，後赴美留學。1895 年任職三井銀行，1909 至 1933 年為三井銀行常務董事。1932 年團琢磨被暗殺後，先後任三井合名公司理事、常務理事。1936 年退出三井，其後歷任日本銀行總裁、藏相兼商相、內閣參議、樞密顧問官等職。1945 年被判為戰犯，解除公職。

諾門坎事件
Nomonhan Incident

日本關東軍在中國東北及蒙古人民共和國邊境挑起的日蘇軍事衝突。諾門坎地區靠近哈拉哈河（蘇聯稱哈勒欣河）東岸。因日軍尋釁，1939 年 5 月 11 日發生邊境衝突，5 月底駐蒙蘇軍參戰，日軍動員了在中國東北的全部機械化兵力，並出動飛機。8 月 20 日，配有強大空軍和機械化部隊的蘇軍及蒙軍發動反攻，嚴重打擊日軍。日本同時遭到《蘇德互不侵犯條約》的衝擊，9 月上旬要求停戰，9 月 15 日在莫斯科簽訂停戰協定。

有田－克萊琪協定
Arita – Craigie Formula

又稱《英日初步協定》。第二次世界大戰前夕，英國慕尼黑綏靖政策在遠東的運用。1939 年 7 月 24 日，日本外相有田八郎與英國駐日大使克萊琪簽訂。主要內容包括：一、英國承認日軍有權在中國的日佔區「剷除任何妨礙日軍或有利於敵人之行為與因素」；二、英國在華官吏和僑民，皆不得阻撓日軍為達成上述目的所採取的任何行動。

英日初步協定

即《有田－克萊琪協定》。

河上肇
Kawakami Hajime，1879 – 1946 年

日本經濟學家、社會活動家。山口縣人。東京大學畢業，任東京大學等校講師。1913 年赴歐洲留學兩年，回國後成為經濟學、經濟學史教授。1916 年發表《貧乏物語》，後致力於研究《資本論》。1928 年被京都大學解聘，次年參與組織勞動農民黨。1932 年加入共產黨，為《赤旗》報編輯。1933 年被捕。1937 年出獄，隱居撰寫自傳。

三國軸心 —— 日本戰敗投降

1940 年（昭和十五年）	日、德、意簽訂《三國軸心協定》。大政翼贊會成立，解散一切政黨。
1941 年（昭和十六年）	簽訂《日蘇中立條約》。日軍偷襲美國夏威夷的珍珠港，太平洋戰爭爆發。
1942 年（昭和十七年）	美日進行中途島海戰，日本慘敗。
1944 年（昭和十九年）	塞班島、關島日本軍覆沒。美軍開始空襲日本本土。
1945 年（昭和二十年）	美軍登陸沖繩。美國在廣島、長崎投擲原子彈。日本接受《波茨坦公告》，宣佈無條件投降。盟軍總司令麥克阿瑟降落日本厚木機場，美軍佔領日本。下達五項改革指令。頒佈解散財閥令。給婦女以參政權。制訂第一次農地改革案。重建日本共產黨。

新體制運動

Shin Taisei Undō；
New Order
Movement

日本建立法西斯體制的運動。由近衛文麿出面，得軍部支持。1940 年 7 月至 8 月間，各黨派相繼解散，以示支持。近衛文麿在 7 月再次組閣，10 月成立以他為首的大政翼贊會，標誌政治新體制的建立。同時，按職業把居民納入官方控制下的報國會等組織，又通過部落會（自然村組織）、町內會（街道組織）和鄰組，按居住地區對居民加以控制。同年 12 月，內閣通過《確立經濟新體制綱要》，次年按產業部門建立統制會，實現全面經濟統制。

八紘一宇
Hakkō Ichiu

第二次世界大戰期間日本對外侵略和稱霸的口號。1940年7月，第二次近衛內閣在《基本國策綱要》之中，決定建立「大東亞新秩序」，並宣稱「皇國國是之依據，係建國之大精神八紘一宇」。該詞始見於《日本軍紀》卷三神武天皇定都的詔書（《橿原定都令》），內稱「兼六合以開都，掩八紘而為宇」。明治時起，即被軍國主義分子用來鼓吹對外擴張；直至1940年7月，始用於官方文件。

大東亞共榮圈
Greater East Asia
Co-prosperity Sphere

日本在第二次世界大戰中建立殖民帝國的計劃。1938年11月，第一屆近衛內閣宣佈建立「東亞新秩序」；1940年7月第二屆近衛內閣的《基本國策綱要》，擴大為建立「大東亞新秩序」。同年8月1日，外相松岡洋右公開宣佈「確立大東亞共榮圈」，這計劃以日本、「滿洲國」、中國為中心，亦把東南亞各國、澳大利亞、紐西蘭、印度（今印度、巴基斯坦、孟加拉等國）和東西伯利亞等國家和地區包括在內。1942年11月，日本內閣建立大東亞省，總轄朝鮮、台灣以外佔領地區的殖民統治。

大政翼贊會
Imperial Rule
Assistance
Association

日本第二次近衛內閣為推行新體制運動而建立的法西斯組織。1940年10月組成。設總裁、事務總長，下有組織、政策、企劃、議會、總務五局，以及各級地方支部，直到村支部。本部總裁由首相擔任，支部長由道、府、縣地方長官兼任。其宗旨為「實踐翼贊大政之臣道」，實現「上情下達，下情上達」，但實則是加強對國

民的法西斯控制。並在中央和地方仿照意大利法西斯的「職業代表協議會」，建立了「大政翼贊協力會」，議員由總裁、支部長任命。它積極協助政府強化軍國主義體制，擴大侵華戰爭和進行太平洋戰爭。1945 年 6 月，大政翼贊會解散，被國民義勇隊所取代。

德意日三國 同盟條約
Tripartite Pact

通稱《三國軸心協定》。1940 年 9 月 27 日，德、意、日三個法西斯國家為擴大其侵略戰爭，在柏林公開簽訂的軍事同盟條約。主要內容：日本與德、意互相承認對方在建立歐洲和大東亞「新秩序」中的領導權；締約國與未參加歐洲戰爭和中日戰爭的國家發生戰爭時，以一切政治、經濟和軍事手段互相援助；條約不涉及締約國與蘇聯現有的政治關係。其後有匈牙利、羅馬尼亞、保加利亞、斯洛伐克等國加入。

三國軸心協定

即《德意日三國同盟協約》。

日蘇中立條約
Japanese – Soviet Neutrality Pact

1941 年 4 月 13 日，蘇聯與日本在莫斯科簽訂的條約。內容規定：維持兩國和平友好關係，互不侵犯領土；締約一方受第三國攻擊時，另一方保持中立；條約有效期為五年。附件中相互約定：日本尊重蒙古人民共和國的領土完整和不可侵犯，蘇聯尊重「滿洲國」的領土完整和不可侵犯。1945 年 4 月 5 日，蘇聯聲明該約期滿不再延長。

珍珠港事件

Pearl Harbor
Incident

日本偷襲美國珍珠港的事件。珍珠港位於夏威夷群島所屬瓦胡島南岸，是美國在太平洋地區的主要海空軍基地。日本聯合艦隊於 1941 年 11 月 26 日從南千島單冠灣出發，於 12 月 8 日（夏威夷時間 7 日晨），出動 360 架飛機和若干潛艇，未經宣戰，偷襲珍珠港，擊毀、擊傷美國軍艦 20 艘，擊毀飛機 311 架，美軍死傷人數達 4,800 餘人。美國太平洋艦隊除航空母艦以外的主力，幾乎全被摧毀。12 月 9 日，美、英對日宣戰。

圖 61　日本偷襲美國珍珠港

太平洋戰爭
Pacific War

第二次世界大戰期間，反法西斯聯盟國家在太平洋地區對日本進行的戰爭。1941 年 12 月 8 日，日軍偷襲珍珠港，太平洋戰爭爆發；次日，英、美對日本宣戰，德、意旋於 11 日對美宣戰。日軍在半年之內，侵佔東南亞各國和太平洋上許多島嶼。但 1942 年 6 月間，日軍進攻中途島受挫。1942 年 8 月至 1943 年 2 月，美軍在所羅門群島的瓜達卡納爾島反攻獲勝，日軍開始敗退，喪失了制空權和制海權。此後，日本在太平洋上佔領的一些群島和島嶼，包括菲律賓，先後被美國及其盟國軍隊攻佔。1945 年 6 月，美軍佔領沖繩，進逼日本本土，美國軍機加緊對日本本土進行轟炸。在緬甸戰場，從 1943 年 10 月起，中、美、英、印等國軍隊先後開始反攻；在中國戰場，1944 年間亦有部分中國軍隊作出反攻。1945 年 5 月，德國投降，日本完全陷入孤立狀態。8 月 6 日和 9 日，美國分別向日本的廣島、長崎投擲原子彈。8 月 8 日，蘇聯對日本宣戰。8 月 14 日，日本宣佈無條件投降，於 9 月 2 日簽訂投降書。

日泰同盟條約
Japan – Thailand Alliance

日本與泰國簽訂的軍事同盟條約。1941 年 12 月 8 日，日軍在泰國登陸；同月 21 日，日本與泰國鑾披汶政府在曼谷簽訂此條約。共五條，內容規定締約一方與第三國發生戰爭時，另一方應對盟國提供政治、經濟、軍事援助；日、泰共同進行戰爭時，不得一國單獨媾和；條約有效期為十年；等等。據此，泰國於 1942 年 1 月 25 日向英、美宣戰。

緬甸戰役
Burma Campaign

太平洋戰爭期間，日軍佔領緬甸後，盟軍在緬甸的反攻作戰。主要有三次。第一次作戰是 1942 年 11 月至 1943 年 5 月，英印軍隊向阿拉干地區反攻，遭遇失敗。第二次作戰始於 1943 年 8 月，盟軍建立以英國蒙巴頓為總司令的東南亞盟軍司令部，同年 10 月中國軍隊在緬北發動反攻。次年 3 月，美軍一個突擊隊參戰，至 8 月初，中美聯軍攻克密支那。到 1945 年 1 月，先後攻克八莫、南坎等地。另一方面，英印軍隊在 1944 年 3 月至 7 月間，擊敗了向印度東北英帕爾進攻的日軍，接著挺進到緬甸境內親敦江一帶。第三次作戰由南下的英印軍隊和東非、西非部隊於 1945 年 2 月發動全面進攻，英美空軍大力助戰，在 3 月間攻克敏鐵拉和曼德勒，控制了緬中地區，然後向仰光推進；緬甸國民軍和游擊隊，亦於 3 月發動總起義，5 月 1 日解放首都仰光，緬甸境內的日軍很快便被肅清。

中途島海戰
Battle of Midway

太平洋戰爭爆發後，日軍與美軍在 1942 年 6 月 5 日的一次大規模較量。日本海軍以優勢兵力，分數路直逼中途島；但日本軍用密碼被美國方面破譯，美軍早有準備。雙方交戰結果，日本損失四艘大型航空母艦、一艘巡洋艦和四百多架飛機，其主力部隊幾乎被覆滅。美軍方面，僅損失一艘航空母艦、一艘巡洋艦和一百四十多架飛機。中途島海戰之後，日本被迫由進攻轉為防守。

瓜達卡納爾島戰役
Guadalcanal Campaign

簡稱「瓜島戰役」，太平洋戰爭中使局勢發生轉折的一場重大戰役。1942 年 8 月 7 日，美軍在所羅門群島的瓜達卡納爾島登陸，開始反攻。日軍為了奪回瓜島，從 8 月底至 10 月底，組織了三次大反撲。但因制海權和制訂權已喪失，島上兵力對比懸殊（美軍約六萬人，日軍三萬六千人），始終不能挽回敗局。1943 年 2 月 7 日，島上最後一批日軍撤走。自此之後，日軍步步敗退。

瓜島戰役

「瓜達卡納爾島戰役」的簡稱。

日本人民解放聯盟
Nihon Jinmin Kaihō Renmei

日本侵華戰爭時期由日本士兵組成的反戰團體。1939 年開始，部分被俘日本士兵在中國共產黨和八路軍幫助下，先後成立了「覺醒聯盟」和「反戰同盟」，1942 年 8 月合為「在華日本人反戰同盟華北聯合會」。1944 年 4 月改組為「日本人民解放聯盟」，旨在反對侵略戰爭、打倒日本法西斯政權、建設民主日本、成立人民政府。它曾在日本軍隊中積極進行反戰宣傳，對瓦解日軍起一定作用。1945 年 4 月在華北、華中共有二十一個支部。日本投降後停止活動。

日本人反戰同盟
Nihon Jimin Hanzen Dōmei

見「日本人民解放聯盟」條。

開羅宣言
Cairo Declaration

美、英、中三國首腦在開羅會議（1943 年 11 月 22 至 26 日）簽署的宣言，於 12 月 1 日發表。它宣佈三國決心堅持對日作戰，直至日本無條件投降；對日作戰之目的，在於制止及懲罰日本的侵略，剝奪日本侵佔、竊取的一切領土，使滿洲、台灣、澎湖群島等歸還中國，使朝鮮自由獨立。

雅爾塔協定
Yalta Agreement

全稱《蘇美英三國關於日本的協定》。蘇、美、英三國首腦在 1945 年 2 月 11 日雅爾塔會議上，就蘇聯對日作戰問題達成的一項秘密協定。內容規定歐洲戰爭結束後二至三個月內，蘇聯對日作戰，其條件是：維持外蒙古現狀；大連商港國際化；恢復蘇聯租用旅順港為海軍基地；中蘇共同經營中長鐵路；千島群島交予蘇聯；蘇聯將同中國國民黨政府簽訂友好同盟條約等。遲至 1945 年 6 月，才由美國政府把協定內容通知中國政府，並要求其接受上述有關中國的條件。1949 年 10 月中華人民共和國成立後，蘇聯先後將中長鐵路、旅順口海軍基地歸還中國。

波茨坦公告
Potsdam Declaration

全稱《中美英三國促令日本投降之波茨坦公告》，1945 年 7 月 26 日在柏林近郊波茨坦會議期間發表。公告宣佈：即將予日本以最後的打擊，促令日本立即無條件投降；重申《開羅宣言》的條件必須實施；確定了戰後在日本實現民主化、非軍國主義化的有關原則；等等。8 月 8 日，蘇聯對日本宣戰時加入此公告。

日本戰時的軍政人物

大川周明
Ōkawa Shūmei，
1886 – 1957 年

日本法西斯運動頭目之一。山形縣人。1911 年東京大學畢業，後為哲學博士。1919 年進入滿鐵東亞經濟調查局，1929 年任理事長。1919 年參與建立猶存社，1925 年組織行地社。提出「昭和維新」、「興民討閥」，鼓吹帶有強烈日本主義色彩的法西斯主義。參與櫻會策劃的三月事件和十月事件。1932 年糾集民間右翼團體，建立神武會。因參與五一五事件被捕，1937 年出獄。戰後被定為甲級戰犯，因「精神異常」而未受審判。

———

井上日召
Inoue Nisshō，
1886 – 1967 年

日本法西斯運動頭目之一。群馬縣人。父為醫生。1910 年從專科學校中途退學，赴中國東北，充當大陸浪人。回國後皈依日蓮宗，1928 年在茨城縣鄉鎮設立正護國堂，向農村青年鼓吹「社會改革」，同時與海軍法西斯青年軍官相往來。策劃血盟團事件，被判處無期徒刑。1940 年假釋出獄。

———

木戶幸一
Kido Kōichi，
1889 – 1977 年

第二次世界大戰期間日本的內大臣。木戶孝允之孫。京都大學法律系畢業。初在農商務省、商工省任職。1917 年承襲侯爵。1930 年起，任內大臣秘書

官、文相、內相等職。1940 年任內大臣，作為天皇的近侍，輔佐天皇。1941 年推薦東條英機任首相。戰後被判無期徒刑，1953 年因病假釋出獄。

——

赤松克麿
Akamatsu
Katsumaro，
1894 – 1955 年

日本右翼社會民主主義運動領導人之一。山口縣德山市人，吉野作造的女婿。1918 年在東京大學讀書時，創立新人會；畢業後為勞動總同盟幹部，並參與創建日本共產黨。1923 年主張解散共產黨，次年起成為總同盟右派在理論上的代表。1930 年任社會民眾黨書記長。1932 年後另組日本國家社會黨等，轉向鼓吹日本主義，開展支持軍部的運動。1940 年任大政翼贊會企劃部長。日本戰敗後，被解除公職。

——

麻生久
Asō Hisashi，
1891 – 1940 年

日本社會民主主義運動領導人之一。大分縣人。東京大學畢業，曾參加新人會。1919 年加入友愛會，次年組織全日本礦工總聯合會，曾領導多次礦工鬥爭。後任日本勞動總同盟政治部長。1927 年起，歷任中派的日本勞農黨、全國大眾黨、社會大眾黨的書記長。1932 年五一五事件後，傾向親軍部和極權主義。1940 年任新體制籌備委員。

日本戰時的軍政人物

杉山元
Sugiyama
Hajime，
1880 – 1945 年

日本陸軍大臣、參謀總長。福岡縣人。陸軍大學畢業，任駐外武官、陸軍省軍務局長等職。九一八事變時，任陸軍次官。1936 年升為大將。1937 年 2 月至 1939 年 1 月，任陸相，參與發動全面侵華戰爭。後任華北方面軍司令官等職。1940 年 10 月至 1944 年 2 月，任參謀總長，參與發動太平洋戰爭。後任教育總監、陸相等職。日本投降後自殺。

———

山本五十六
Yamamoto
Isoroku，
1884 – 1943 年

日本海軍大將，太平洋戰爭的發動者之一。新潟縣人。1904 年海軍兵學校畢業，曾參加日俄戰爭的日本海海戰。1916 年海軍大學畢業。歷任海軍大學教官、駐美武官、海軍航空本部長、海軍次官等職。1939 年任聯合艦隊司令長官，後指揮太平洋戰爭。在所羅門空戰中陣亡。

———

東條英機
Tōjō Hideki，
1884 – 1948 年

日本陸軍大將。東京人。陸軍大學畢業，歷任軍職。九一八事變後，於 1935 年任關東軍憲兵司令官；七七事變前夕，升關東軍參謀長。1938 年任陸軍次官，次年轉任航空總監。1940 至 1941 年任陸相時，積極主張擴大侵華戰爭和準備對美英戰爭。1941 年 10 月任首相，兼陸相、內務相。12 月發動

太平洋戰爭，又兼軍需相和參謀總長。在日本敗局
已定的形勢下，1944 年 7 月被迫辭職。日本投降
後，被盟軍拘捕時自殺未遂，後被遠東國際軍事法
庭定為甲級戰犯，判處絞刑。

圖
62
東條英機

板垣征四郎

Itagaki Seishirō，
1885 – 1948 年

日本陸軍大將。岩手縣人。陸軍大學畢業，任軍
職。1929 年任關東軍高級參謀，參與策劃九一八事
變。日本侵佔中國東北後，任「滿洲國」軍政部最
高顧問。1936 年任關東軍參謀長。1938 年 5 月起任

日本戰時的軍政人物

陸相，積極主張擴大侵華戰爭，並策動張鼓峰事件和諾門坎事件。1939 年 9 月起，任侵略中國的派遣軍總參謀長。1941 年 7 月轉任朝鮮軍司令官。1945 年 4 月任日本第七方面軍（駐新加坡）司令官。日本投降後，被遠東國際軍事法庭定為甲級戰犯，判處絞刑。

石原莞爾
Ishiwara Kanji，
1889 – 1949 年

日本陸軍中將。山形縣人。陸軍大學畢業，後任駐中國武官、陸軍大學教官等職。曾留學德國。1928 年 10 月至 1932 年 8 月，任關東軍作戰主任參謀，參與策劃九一八事變。1935 年 8 月至 1937 年 9 月，先後任參謀本部作戰課長、作戰部長。1941 年 3 月退役，其後領導右翼團體東亞聯盟。

土肥原賢二
Doihara Kenji，
1883 – 1948 年

日本陸軍大將。岡山縣人。1912 年陸軍大學畢業，後到中國任奉天督軍顧問。1931 年任日本在中國瀋陽的特務機關長，積極參與策劃九一八事變。同年 11 月，把清朝廢帝溥儀從天津誘至長春，策劃成立「滿洲國」。1941 年起任航空總監、教育總監等職。日本投降後被列為甲級戰犯，被判死刑。

日本戰時的軍政人物

荒木貞夫
Araki Sadao，
1877 – 1966 年

日本陸軍大將。東京人。陸軍大學畢業，曾任憲兵司令、陸軍大學校長等職。1931 年 12 月至 1934 年 1 月，任陸相。大力鼓吹皇道精神，為皇道派頭目。後為軍事參議官，曾任文相。日本戰敗後被列為甲級戰犯，被判處無期徒刑。1955 年因病假釋出獄。

——

真崎甚三郎
Mazaki
Jinzaburō，
1876 – 1956 年

日本陸軍大將。佐賀縣人。陸軍大學畢業，曾任陸軍士官學校校長、台灣軍司令官。1932 年任參謀次長，1934 年任教育總監兼軍事參議官，是皇道派首領之一。1935 年 7 月，被統制派免去教育總監之職位。在二二六事件中，同情叛軍。1936 年 3 月，編入預備役。日本投降後，作為戰犯被捕，監禁兩年。

——

永田鐵山
Nagata Tetsuzan，
1884 – 1935 年

日本陸軍中將。長野縣人。陸軍大學畢業，曾任駐外武官、軍內有關總動員的職務。1921 年起，力主改革藩閥人事，實現軍備現代化，準備總體戰。1930 年起，任陸軍省軍務局軍事課長、參謀本部情報部長等職，參與策劃侵華戰爭。1934 年 3 月，任軍務局長。為陸軍統制派核心人物，1935 年 8 月被皇道派軍官相澤三郎砍殺而死。

戰後改革——頒佈《昭和憲法》

1946 年（昭和二十一年）	天皇發表《人間宣言》（天皇非神宣言）。解除軍國主義者的公職。遠東國際軍事法庭審判日本戰犯。頒佈《日本國憲法》。建立新教育制度。開始農地改革。經濟安定總部成立。閣議採取「傾斜生產方式」方案。
1947 年（昭和二十二年）	頒佈《學校教育法》、《教育基本法》。《日本國憲法》生效。眾參兩院舉行首次大選。社會黨組織聯合內閣。
1948 年（昭和二十三年）	遠東國際軍事法庭判決東條英機等戰犯處以絞刑、徒刑。
1949 年（昭和二十四年）	發生迫害工會積極分子的「三鷹事件」、「松川事件」、「下山事件」。湯川秀樹獲諾貝爾獎。頒佈「穩定經濟九原則」和制訂道奇路線。

麥克阿瑟
Douglas
MacArther，
1880 – 1964 年

美國軍人。西點軍校畢業，曾任駐菲律賓美軍司令、美國陸軍參謀長等職。太平洋戰爭爆發時任美軍遠東司令，在菲律賓指揮對日作戰，馬尼拉陷落，逃往澳大利亞。1942 年任西南太平洋盟軍三軍總司令，1945 年任太平洋美軍總司令。日本戰敗投降後，成為盟國駐日佔領軍總司令。朝鮮戰爭時任「聯合國軍」司令官，主張強硬政策，後被免職。

日本國憲法
Nihonkoku kenpō；
Constitution of
Japan

日本現行憲法，是繼《大日本帝國憲法》之後的第二部憲法。亦有人稱之為《昭和憲法》。以 1946 年 2 月美國佔領當局向日本政府提交的憲法修改草案為基礎，由日

本政府擬定新憲法草案，經議會通過後，於同年 11 月
3 日公佈，次年 5 月 3 日生效。《憲法》由前言和十一
章一百零三條組成，確定日本主權屬於國民；實行議會
內閣制；保障基本人權、包括私有財產權；永遠放棄戰
爭，不保持戰爭力量；天皇是日本國和國民整體的象
徵，天皇有關國事的行為必須有內閣的建議和承認。
1954 年起，內閣曾一再企圖修改《憲法》，但沒有成功。

昭和憲法
Shōwa kenpō

即《日本國憲法》。

- - - - - -

農地改革
Nōchi kaikaku ；
Land reforms of 1946

第二次世界大戰結束後，日本的重大民主化改革之一。
1945 年，日本政府根據美國佔領當局的指令，進行第一
次農地改革，但僅以不到 40% 的租佃地作為對象。由於
農民的爭取和蘇、英的建議，美國佔領當局要求日本進
行第二次農地改革。1946 年 10 月，議會通過《扶植自
耕農特別措施法》和《農地調整改革法》，並於 11 月實
施，當中規定：不在鄉地主的全部土地和在鄉地主超過
一町的土地，均由政府強制徵購並賣給農民；原佃戶有
優先購買權；地價可分三十年付清。改革於 1950 年完
成。此後殘存的租佃地僅佔耕地面積的 10%，並規定佃
租用貨幣交納，不得超過收獲量的 25%，地主不得收回
佃租地。但山林未作改革。

盟軍最高統帥部
Far East Command

美國佔領日本時的機構。美國政府於 1945 年 8 月 13 日決定設置，次日任命麥克阿瑟為最高統帥。初時設在橫濱，9 月 8 日遷往東京。下設軍事、民政機構，附設遠東國際軍事法庭。澳大利亞、紐西蘭的少量佔領軍，隸屬於盟軍的最高統帥部。《舊金山和約》簽訂後，於 1952 年 4 月底撤銷。

圖 63　東條英機接受遠東國際軍事法庭審判

**盟國對日
委員會**
Allied Council for
Japan

第二次世界大戰結束後，盟國駐日本的機構。1945 年 12 月設於東京，作為盟軍最高統帥的諮詢機構，並有權對其提出建議。委員會由中、美、蘇、英四國代表組成，英國同時代表澳大利亞、紐西蘭、印度；盟軍最高統帥任主席，實際上由其代理人擔任。成立初期較為活躍，蘇、英代表曾提出土地改革方案，並促進了這項改革。其後形同虛設，1952 年 4 月無形解散。

遠東委員會
Far Eastern
Commission

第二次世界大戰結束後，同盟國對日佔領政策的決策機構。1945 年 12 月，蘇、美、英於莫斯科外長會議中決定設立。初由十一國組成，後增為十三國，美、英、中、蘇有否決權。設於華盛頓，任務是制訂日本在實現投降條件方面所應遵循的政策、原則和標準。其決定需由美國政府作出具體指令，交佔領當局實施。1948 年起，活動不多；1951 年《舊金山和約》簽訂後，不再存在。

日本被佔領時期的統治機構（1945－1952）

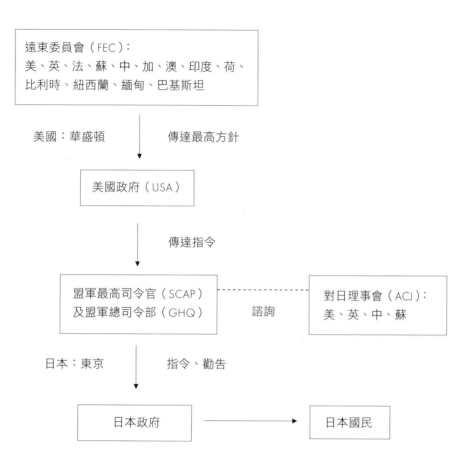

遠東委員會（FEC）：
美、英、法、蘇、中、加、澳、印度、荷、
比利時、紐西蘭、緬甸、巴基斯坦

美國：華盛頓　　　傳達最高方針

美國政府（USA）

傳達指令

盟軍最高司令官（SCAP）
及盟軍總司令部（GHQ）　　諮詢　　對日理事會（ACJ）：
　　　　　　　　　　　　　　　美、英、中、蘇

日本：東京　　　指令、勸告

日本政府　　　　　日本國民

財閥解體

Zaibatsu kaitai；
Zaibatsu dissolution

即解散財閥，日本在第二次世界大戰後的重大改革之一。這是美國佔領當局通過日本政府加以實行的措施，1945 年 9 月起著手準備，1946 年 4 月決定成立控股公司整理委員會，負責收集八十三家控股公司和十四個財閥中五十六個家族的全部有價證券，並予以出售，換成定期十年以上的公債券交給原主。加上戰後通貨膨脹，使財閥喪失了控制國民經濟的力量。另據有關法令，擔任公司職務的財閥家族成員和大部分財閥公司高級職員都被解職。1947 年還決定解散大企業，但不久即停止進行。

二一罷工

February First Strike /
General Strike of 1947

日本在第二次世界大戰後遭美國佔領當局禁止的總罷工。由於通貨膨脹，全國官公廳僱員於 1946 年 11 月提出增加工資等要求。首相吉田茂在 1947 年元旦廣播中，稱起來爭取的工人為「不逞之徒」，輿論大嘩。1 月 15 日，全日本產業別勞動組合會議、日本勞動組合總同盟、全國官公廳勞動組合協議會等，結成全國勞動組合共同鬥爭委員會，領導六百萬職工，宣佈將於 2 月 1 日舉行日本歷史上首次全國總罷工。1 月 31 日，麥克阿瑟下令禁止，總罷工遭挫。

吉田茂

Yoshida Shigeru，
1878－1967 年

日本首相（1946－1947 年、1948－1949 年、1949－1952 年、1952－1953 年、1953－1954 年在任）。東京人。東京大學畢業，任職外務省。第一次世界大戰後，任日本出席巴黎和會代表團團員。1928 至 1939 年，歷任外務次官和駐意、英大使。1936 年二二六事件後，因被軍部

排斥而未能入閣。日本投降後，1945 年 9 月起任外相，1946 年 5 月起任自由黨總裁。1946 至 1954 年間，先後五次組閣。任內推行戰後改革，實行保守政治，穩定和恢復經濟，簽訂《舊金山和約》和《日美安全條約》。

大山郁夫
Ōyama Ikuo，
1880 – 1955 年

日本社會活動家、學者。兵庫縣人。1905 年早稻田大學畢業，後留學歐美。第一次世界大戰時，任大阪《朝日新聞》社論委員，鼓吹民本主義，猛烈抨擊寺內政府的內外政策。戰後積極支持學生運動和普選運動。1921 年為早稻田大學教授。1927 年勞農黨成立時任委員長。1930 年當選為國會議員。1932 年被迫流亡美國，1947 年歸國後，再任早稻田大學教授，積極為爭取日本獨立、民主、和平而努力。

鳩山一郎
Hatoyama Ichirō，
1883 – 1959 年

日本自由民主黨總裁、首相（1954 – 1956 年在任）。東京人。東京大學畢業。1915 年為眾議員，屬政友會。1920 年代後半期，任政友會幹事長、田中義一內閣書記官長。1931 至 1934 年任文相。對大政翼贊會持批判態度。1945 年 11 月組織日本自由黨，1946 年被解除公職。1951 年重回自由黨。1954 年 12 月，帶領自由黨反吉田茂派與改進黨等合併組成日本民主黨，任總裁，並組閣。1956 年任自由民主黨總裁，次年引退。

片山哲

Katayama Tetsu，
1887－1978 年

日本社會黨領袖、首相（1947－1948 年在任）。和歌山縣人。1912 年東京大學畢業，當律師。1920 年代投身工農運動，曾任勞動總同盟法律部長、日本農民組合法律顧問。1926 年為社會民眾黨書記長。1930 年起，九次當選為議員。1945 年參加組織日本社會黨，任書記長；1946 至 1950 年間，任委員長。1947 至 1948 年組閣。1960 年加入民主社會黨，為最高顧問，至 1965 年退黨。

重光葵

Shigemitsu Mamoru，
1887－1957 年

日本外交官員。大分縣人。東京大學畢業，任職外務省，曾任日本駐上海總領事等職。1931 年起，歷任駐華公使、外務次官、駐蘇和駐英大使等職。1943 至 1945 年任外相。第二次世界大戰結束時，代表日本政府簽署投降書。因屬戰犯，經遠東國際軍事法庭判處七年徒刑。1950 年被提前釋放。1952 年組織改進黨，任總裁。1954 年與鳩山一郎創立民主黨，任副總裁。在三次鳩山內閣中（1954－1956 年），均任外相。

淺沼稻次郎

Asanuma Inejirō，
1898－1960 年

日本社會黨領導人。東京人。1925 年起，歷任日本農民勞動黨書記長、全國勞農大眾黨中央委員和社會大眾黨組織部長。1936 年起多次當選為眾議院議員。第二次世界大戰後，1947 年任社會黨書記長。1951 年，社會黨分裂後，任右派社會黨書記長。1955 年，左右兩派合併時仍任社會黨書記長。1960 年當選為社會黨委員長。他積極為爭取獨立、民主、和平和中立而鬥爭，1957 年和 1959 年曾兩度率領社會黨代表團訪問中國。1960 年 10 月 12 日被法西斯主義人士殺害。

日本勞動組合總同盟

Nihon Rōdō Kumiai Sōdōmei；Japan National Federation of Labor

簡稱「總同盟」。第二次世界大戰後，日本工會聯合組織之一。1946 年 8 月建立，與共產黨領導的全日本產業別勞動組合會議（1946－1958 年）相對立。1950 年加入日本勞動組合總評議會，但反對加入的右派於 1951 年重建組織。1954 年與退出總評的右翼工會共同組成全日本勞動組合會議，1962 年發展為全日本勞動總同盟組合會議。1964 年 11 月，改組為全日本勞動總同盟（簡稱「同盟」），與「總評」同為最大的兩個工會聯合組織。

總同盟

Sōdōmei

「日本勞動組合總同盟」的簡稱。

日本勞動組合總評議會

Nihon Rōdō Kumiai Sōhyogikai；General Council of Trade Unions of Japan

簡稱「總評」。① 1931 至 1934 年間，日本合法左翼工會的聯合組織。由約三十個支持勞動農民黨的工會組成，後來加入日本勞動組合全國評議會（1934－1937 年）。② 日本戰後最大的工會聯合組織。1950 年 7 月，由退出全日本產業別勞動組合會議（1946－1958 年）的工會和其他工會組成。其後領導權為左派所掌握，1951 年確認包括反對重新武裝在內的和平四原則。1954 年右翼工會退出，另組全日本勞動組合會議。此後與社會黨左派保持密切聯繫。1979 年 5 月，聲明不再支持某一特定政黨。1981 年加入的工會共五十個，會員四百四十五萬餘人。

總評

Sōhyō

「日本勞動組合總評議會」的簡稱。

簽訂和約——成立保守政黨

1950 年（昭和二十五年）	組織警察預備隊。日本勞動組合總評議會成立。
1951 年（昭和二十六年）	簽訂《舊金山和約》和《日美安全條約》。
1952 年（昭和二十七年）	「流血的五一節」，在皇宮前廣場的「五一」遊行隊伍與警察發生衝突。警察預備隊改稱保安隊。《日美行政協定》簽訂。
1953 年（昭和二十八年）	開始電視廣播。《日美通商航海條約》簽訂。
1954 年（昭和二十九年）	日本漁船「第五福龍丸」號在南太平洋受美國氫彈實驗的輻射污染。成立防衛廳，保安隊改稱自衛隊。
1955 年（昭和三十年）	廣島舉行第一次禁止原子彈、氫彈世界大會。自由民主黨結成。
1956 年（昭和三十一年）	日蘇恢復邦交。日本加入聯合國。
1957 年（昭和三十二年）	在南極設立「昭和基地」。日本第一個原子反應堆開始運作（在茨城縣東海村）。

舊金山和約
San Francisco
Peace Treaty

第二次世界大戰後，美、英等四十八個國家與日本簽訂的片面和約。由美、英發起並提出和約草案，1951 年 9 月 4 日在舊金山舉行對日和會，於 9 月 8 日簽字，翌年 4 月 28 日生效。和約共二十七條，主要內容有：日本承認朝鮮獨立；日本放棄對台灣、澎湖列島、千島群島、南庫頁島等的權利；日本同意琉球群島、小笠原群島等

由聯合國交美國「托管」；盟國可與日本締結雙邊協定，在日本駐軍；日本有自衛權，並可加入集體安全協定；日本須承擔賠償義務，但受害國的要求留待雙邊談判加以解決。同日，簽訂《日美安全條約》。中國、印度、緬甸、南斯拉夫未參加對日和會，蘇聯、波蘭、捷克拒絕在《舊金山和約》上簽字。

日美安全條約
First of the United
States – Japan
Security Treaties

又名《日美舊安保條約》。第二次世界大戰結束後，日、美兩國簽訂的條約。1951 年 9 月 8 日，在舊金山與《舊金山和約》同時簽訂。條約規定：美國有權在日本駐軍和保持軍事基地；駐日美軍可用以維持遠東的和平，和日本免受外來武裝進攻之安全，並可應日本政府的要求，鎮壓國內的暴動和騷亂；日本應逐漸增強自衛能力；條約的失效需得美國的同意。1960 年，此條約為《日美共同合作與安全條約》所取代。

內灘事件
Uchinada Jiken；
Uchinada Incident

日本人民反對美軍基地的事件。1952 年 11 月，石川縣內灘村民反對政府把該村土地提供予美軍做炮兵靶場，但吉田茂內閣置之不理。1953 年 3 月，靶場啟用，村民和各地來援的工會會員、學生，在靶場靜坐示威。6 月，東京和全國各地舉行「剷除基地國民大會」。由於警察的鎮壓和村當局的妥協，11 月鬥爭失敗，但推動了以後的反基地鬥爭。

比基尼事件 Lucky Dragon Incident	亦稱「福龍丸事件」或「久保山事件」。1954 年 3 月 1 日美國在太平洋上的比基尼島（馬紹爾群島北端）附近試驗氫彈，使航行在公海上的日本漁船「第五福龍丸」號的船員共二十三人受輻射之害，其中久保山愛吉於同年 9 月不治身死，引起了日本和世界人民的抗議。

福龍丸事件	即「比基尼事件」。

久保山事件	即「比基尼事件」。

日本自衛隊 Jieitai； Japan Self Defense Forces	第二次世界大戰後，日本重建的軍事組織。據 1954 年 6 月 9 日公佈的《自衛隊法》和《防衛廳設置法》，對保安隊、海上警備隊加以改組擴大而成。保安隊、海上警備隊建於 1952 年，保安隊的前身是 1950 年建立的警察預備隊。自衛隊由防衛廳、統合幕僚會議及其附屬機構、陸上自衛隊、海上自衛隊、航空自衛隊等組成，由內閣總理掌握最高指揮監督權，而歸防衛廳長官統轄。1981 年，陸上兵力十五萬餘人，主要編成十三個師團；海上艦艇四百八十二艘，約二十二萬噸，軍用飛機千餘架。

日本民主黨 Nihon Minshutō； Japan Democratic Party	1955 年參與組成自由民主黨的日本兩大政黨之一。日本戰敗投降後，舊民政黨成員和部分舊政友會成員於 1945 年 11 月成立日本進步黨，後演變為日本民主黨（1947

年）、國民民主黨（1950 年）、改進黨（1952 年）。1954 年 12 月，改進黨與自由黨反吉田茂派、日本自由黨合併組成日本民主黨，鳩山一郎為總裁，重光葵為副總裁。

自由民主黨
Jiyū Minshutō；
Liberal Democratic
Party

簡稱「自民黨」，1955 年成立後長期執政的日本保守政黨。鑑於日本社會黨左右兩派在 1955 年 10 月實現合併，財界又強烈要求建立單一的保守政黨，故在 1955 年 11 月 15 日，自由黨和日本民主黨合併組成自由民主黨。由總裁負責組閣。黨的國會議員與各地代表組成的代表大會，和黨的議員總會，是最高決議機關，後者起主要作用。以總裁、副總裁和幹事長、總務會長、政務調查會長為領導核心。地方組織由都、道、府、縣聯合會領導。議員在各自選區建立個人後援會。大部分政治資金由財界提供。黨內存在複雜派系。

自民黨
Jimintō

「自由民主黨」的簡稱。

橫山大觀
Yokoyama Taikan，
1868 – 1958 年

日本畫畫家。茨城縣水戶市人，出身藩士家庭。東京美術學校畢業，留校任教。1896 年創立日本繪畫協會，後又參與創立日本美術院。他與菱田春草等人共同致力於新日本畫運動，作品構圖清新，運筆富有感情，有《瀟湘八景》、《生生流轉》等名作。1935 年為帝國美術院會員，1937 年獲首屆文化勳章。

紅白合戰
Kōhaku Gassen

每年 12 月 31 日晚上由日本放送協會（NHK）電視台現場直播的大型歌唱比賽晚會。比賽分為紅、白二組，紅組為女歌手，白組為男歌手，兩組歌手以一對一輪番演唱的形式比賽，並決定該年度最終由紅組或白組勝出。第一屆始於 1951 年 1 月 3 日，第四屆起改為 12 月 31 日，是日本舉國關注、一年一度的盛會，參賽歌手包括歌壇老將、當紅歌星和新出道的歌手，能夠參與比賽是很高的榮耀，對新人來說更是揚名的好機會。

岸信介
Kishi Nobushike，
1896 – 1987 年

日本首相（1957 – 1960 年在任）。生於山口縣。原姓佐藤，自幼出嗣岸家。東京帝國大學法學部畢業，入農商務省。後到「滿洲國」任職，1939 年返日本。1941 年任東條內閣商工大臣，後改任軍需省次官。戰後以甲級戰犯嫌疑被捕，因強調與東條英機的矛盾，1948 年底獲釋。次年參加自由黨，當選眾議員。1952 年恢復政治活動。1954 年退出自由黨，擔任日本民主黨幹事長；次年自由民主黨成立，任幹事長。1956 年任石橋湛山內閣外務大臣，次年組閣。1960 年赴美簽訂《日美相互合作及安全保障條約》，受日本人民反對，在條約生效同日，岸內閣總辭職。後來支持他的弟弟佐藤榮作擔任內閣總理，在政界發揮一定的影響力。

美日條約 —— 激發安保鬥爭

1960 年（昭和三十五年）	《日美共同合作與安全條約》簽訂，反安保條約鬥爭高漲。社會黨委員長淺沼稻次郎被暗殺。池田內閣制訂國民收入倍增計劃。
1961 年（昭和三十六年）	公佈《農業基本法》。
1962 年（昭和三十七年）	簽訂《關於發展中日兩國民間貿易備忘錄》，備忘錄貿易稱為「廖高貿易」。
1963 年（昭和三十八年）	宣告「松川事件」全部嫌疑人無罪。名神高速公路部分通車，進入高速公路時代。
1964 年（昭和三十九年）	東海道新幹線全部通車。第十八屆奧運會在東京舉行。
1965 年（昭和四十年）	首相佐藤榮作訪美，與美國總統約翰遜會談，發表美日聯合聲明。
1966 年（昭和四十一年）	修改《祝日法》，增設「建國紀念日」、「敬老日」、「體育日」。日蘇簽訂《關於航空業務協定》、《1966 至 1970 年貿易支付協定》和《日蘇領事條約》。
1968 年（昭和四十三年）	學生運動，要求大學民主化。美國歸還小笠原群島予日本。

安保鬥爭
Anpo tōsō

反對日本政府與美國簽訂《新安保條約》的群眾運動。始自 1959 年，請願和示威行動於次年達到高峰。

日美共同合作與安全條約

Second of the United States – Japan Security Treaties

又名《日美新安保條約》。1960 年 1 月 19 日，由日本首相岸信介與美國總統艾森豪威爾在華盛頓簽署，以代替《日美安全條約》，於同年 6 月 23 日生效。條約規定：繼續保留在日本的美軍基地；日本領土受到進攻時，兩國將按照本國憲法的規定和程序採取行動，以應付共同危險；兩國隨時就本條約的執行問題進行協商；兩國加強經濟合作；有效期十年。1970 年雙方政府決定，只要不宣佈作廢，條約就自動延期。

佐藤榮作

Satō Eisaku，
1901 – 1975 年

政治家。岸信介之弟，山口縣人。東京大學法學院畢業，入鐵道省。1934 年派往歐美留學，1937 年回國，1941 年任鐵道省監督部長。其後歷任郵政相、建設相、大藏相等職位，1964 年為自民黨總裁，出任首相，積極追隨美國。1974 年獲諾貝爾和平獎。

新幹線

Shinkansen

日本對高速鐵路線的稱呼。1964 年 10 月開通，由東京到新大阪；1975 年延長到九州博多；1982 年，開通東京至盛岡的東北線路及東京至新潟的上越線；1998 年，開通東京至長野的線路。

田中訪華──中日恢復邦交

1970 年（昭和四十五年）	召開日本萬國博覽會。發射「大隅」號國產人造衛星。日美安保條約自動延長。
1971 年（昭和四十六年）	日美簽訂《沖繩歸還協定》。
1972 年（昭和四十七年）	第十一屆冬季奧運會在札幌舉行。美國歸還沖繩予日本。首相田中角榮訪華，與中國恢復邦交。《日本列島改造論》發表。
1973 年（昭和四十八年）	水俁病審判中，被害者勝訴。發生石油危機，物價混亂。發生金大中事件。
1974 年（昭和四十九年）	田中角榮出訪東南亞五國。美國總統福特訪日。
1975 年（昭和五十年）	昭和天皇、皇后訪美。
1976 年（昭和五十一年）	田中角榮因受美國洛克希德公司賄賂而被捕。
1978 年（昭和五十三年）	《中日和平友好條約》在北京簽訂。
1979 年（昭和五十四年）	第五次七國集團首腦峰會在東京召開。

日本萬國博覽會
Nihon Bankoku Hakurankai；
Expo 70

1970 年在大阪府吹田市舉辦的世界博覽會，主題是「人類的進步與協調」。

大平正芳
Ōhira Masayoshi；
1910－1980 年

日本首相、自由民主黨總裁（1978－1980 年在任）。生於香川縣農民家庭。1936 年東京商科大學（現一橋大學）畢業。曾歷任橫濱稅務署長、東京財務局間接稅部長、大藏大臣秘書官、大藏省主計局事務官、內閣官房長官、外務大臣、通商產業大臣、大藏大臣以及自民黨政調會長、自民黨幹事長等職。1952 年起，連續十一次當選為眾議院議員。1971 年任原池田派組織「宏池會」會長，組成大平派。1972 年任外務大臣時，陪同首相田中角榮訪華，代表日本政府與中國簽署了《中日聯合聲明》。首相任內為發展及改善中日關係作出了貢獻。著有《我的履歷書》等。

田中角榮
Tanaka Kakuei，
1918－1993 年

政治家。新潟縣人。1936 年畢業於中央工學校土木科，次年創立共榮建築事務所。1947 年當選為眾議員，其後歷任自民黨副幹事長、岸內閣郵政相、佐藤內閣通產相。1972 年為自民黨總裁，出任首相；同年率領日本政府代表團訪華，實現中日邦交正常化。1974 年下台，曾因「洛克希德賄賂案」被捕。著有《我的履歷書》、《日本列島改造論》等。

成田機場
Narita Kūkō；
Narita International
Airport

日文稱為成田空港，又稱新東京國際空港。因原有的羽田機場難以負荷，於是決定在千葉縣成田市興建該新機場，曾遭到反對，1978 年開始使用。

倡國際化——昭和時代結束

1982 年（昭和五十七年）	東北新幹線和上越新幹線通車。發生教科書問題。
1983 年（昭和五十八年）	提出行政改革最終答辯。與歐洲共同體達成貿易協定。
1984 年（昭和五十九年）	日、美、加、澳、紐五國海上部隊舉行環太平洋聯合軍事演習。
1985 年（昭和六十年）	首相中曾根康弘以公職身分參拜靖國神社。
1986 年（昭和六十一年）	內閣通過外交白皮書，強調推行國際化，向世界開放。防衛廳撤銷防衛費佔國民生產總值 1% 的限定。
1987 年（昭和六十二年）	日美兩國高級事務會談在東京舉行。
1988 年（昭和六十三年）	首相竹下登訪問美國、歐洲、中國。

竹下登

Takeshita Noboru，
1924 – 2000 年

政治家。島根縣人。早稻田大學第一高等學院畢業，1944 年被編入陸軍飛行隊。戰後畢業於早稻田大學商學院，1953 年當選眾議員。1964 年起，在多屆內閣中歷任官房長官、建設相、大藏相，1987 年作為自民黨總裁，出任首相。他重視與中國的友好關係，曾經訪華。後因「利庫路特事件」辭職。

中曽根康弘
Nakasone Yosuhiro,
1918 – 2019 年

政治家。群馬縣人。東京帝國大學畢業,入內務省。戰後在警視廳任職,加入民主黨,曾選眾議院議員,1952年任改進黨中央委員。1955年自由民主黨成立後,歷任副幹事長、總務會長、幹事長。1982年任自民黨總裁及內閣首相,提出日本成為「國際國家」的主張,加強日美關係,並承認日本對華戰爭是「侵略戰爭」。1987年辭職後,任自民黨最高顧問。

東京迪士尼
Tōkyō Dizunīrando;
Tokyo Disneyland

位於千葉縣浦安市的主題公園。建於1983年,有五個主題樂園,其後陸續興建新的項目。與世界上其他迪士尼樂園比較,部分設施較具日本特色。

平成時代

（1989-2019 年）

13 平成時代

改元平成——日皇明仁登基

1989 年（平成元年）	發生利庫路特事件。竹下登內閣總辭。宇野宗佑內閣、海部俊樹內閣先後成立。
1990 年（平成二年）	舉行國會開設百週年紀念活動。
1991 年（平成三年）	派遣海上自衛隊掃雷部隊到波斯灣。
1992 年（平成四年）	制訂《協助聯合國和平維持活動法》（PKO 法），派遣和平部隊到柬埔寨。
1993 年（平成五年）	非自民連立內閣成立，結束自民黨長達三十八年的統治。日皇明仁和皇后前往歐洲訪問。
1994 年（平成六年）	羽田孜內閣、村山富市內閣先後成立。大江健三郎獲諾貝爾文學獎。
1995 年（平成七年）	阪神淡路大地震，死者超過六千人。
1996 年（平成八年）	橋本龍太郎內閣成立。
1997 年（平成九年）	秋田新幹線、長野新幹線（北陸新幹線）開業。
1998 年（平成十年）	第十八屆冬季奧林匹克運動會在長野舉行。小淵惠三內閣成立。
1999 年（平成十一年）	頒佈《國旗國歌法》。

平成
Heisei

日本年號。1989 年 1 月 7 日，日皇裕仁（昭和天皇）逝世，其長子明仁繼位為日本第一百二十五代天皇，年號平成。中國《史記·五帝本紀》中有「內平外成」一語，含有國內外、天地間達成和平之意。

黑澤明
Kurosawa Akira，
1910 – 1998 年

著名電影導演。東京人，二十六歲入 PCL 電影公司（東寶電影公司前身）擔任導演助理，隨山本嘉次郎工作，學習導演和編劇。1943 年獨立完成處女作《姿三四郎》，一舉成名。導演電影達三十餘部，1990 年成為奧斯卡金像獎歷史上第一個獲得終身成就獎的亞洲電影人。

周邊事態法
Shūhen jitaihō

1999 年 5 月在眾議院通過。主要內容：一、周邊事態的概念；二、國會的監督功能。

國旗國歌法
Kokki kokkahō

1999 年 8 月在眾議院通過。規定「日章旗」為日本國旗，〈君之代〉為日本國歌。

小淵惠三
Obuchi Keizo，
1937 – 2000 年

政治家。生於群馬縣。1963 年成為被選入國會的最年輕議員。他在促成自由民主黨內各派系之間的妥協和解方面，有相當的表現。1998 年任內閣首相，以明快的態度處理國家經濟問題。在任內病逝。

經濟低迷 —— 內閣更迭頻繁

2000 年（平成十二年）	森喜朗內閣成立。俄羅斯總統普京訪問日本。
2001 年（平成十三年）	小泉純一郎內閣成立，同年訪問中國。東京迪士尼海洋開業。
2002 年（平成十四年）	日本、南韓共同主辦世界盃足球賽。小泉純一郎訪問北韓。
2003 年（平成十五年）	自衛隊開始派遣到伊拉克。
2004 年（平成十六年）	發行新設計的一千圓、五千圓、一萬圓紙幣。
2005 年（平成十七年）	舉行愛知萬博（世界博覽會）。
2006 年（平成十八年）	安倍晉三內閣成立。
2007 年（平成十九年）	日本政府防衛廳升格為防衛省。郵政民營化。
2008 年（平成二十年）	麻生太郎內閣成立。岩手、宮城內陸地震。
2009 年（平成二十一年）	鳩山由紀夫內閣成立。

東京迪士尼海洋
Tōkyō DizuniShī；
Tokyo DisneySea

東京迪士尼樂園的姊妹園。2001 年開放，有單軌電車連接兩個樂園。有主題遊樂場，及「地球之河」和「海底兩萬里」等項目。

福島海嘯──造成巨大災難

2010 年（平成二十二年）	菅直人內閣成立。宮崎縣家畜傳染病口蹄疫感染擴大。
2011 年（平成二十三年）	本州東北部發生三一一地震及海嘯。野田佳彥內閣成立。
2012 年（平成二十四年）	《消費增稅關連法》成立。安倍晉三內閣成立。
2013 年（平成二十五年）	公佈《特定秘密保護法》。本年是 1953 年以來吉祥的「雙遷宮」之年。
2014 年（平成二十六年）	閣議決定武器輸出新三原則、容認使用集團的自衛權。
2015 年（平成二十七年）	設置體育廳、防衛裝備廳。
2016 年（平成二十八年）	通過「新安保法」。
2017 年（平成二十九年）	東京都知事小池百合子領導的都民第一會成為東京都議會第一大黨。
2018 年（平成三十年）	日本西部地區連日特大暴雨，造成十二個府縣嚴重受災。
2019 年（平成三十一年）	4 月，日皇明仁舉行退位之禮，平成時代結束。

雙遷宮　　2013 年 5 月，島根縣出雲市的出雲大社，迎來每六十年一次的「大遷宮」（神宮遷移）儀式。同年 10 月，三重縣伊勢市的伊勢神宮，迎來每二十年一次的「遷宮」儀式。2013 年，是日本自 1953 年以來吉祥的「雙遷宮」之年。

日本近代的人文學者

白鳥庫吉
Shiratori
Kurakichi，
1865 – 1942 年

東洋史學家。千葉縣人。東京大學教授。留學歐洲，用近代方法研究亞洲史，富獨特性。幫助滿鐵成立滿州地理歷史調查室，又主持東洋文庫，創辦《東洋學報》，對東洋史研究作出貢獻。著有《西域史上之新研究》、《神代史新研究》等。有《白鳥庫吉全集》。

——

內藤湖南
Naitō Konan，
1866 – 1934 年

東洋史學家。原名虎次郎。秋田縣人。任教於京都大學，對東洋史學的發展作出貢獻。曾進行敦煌文書的調查工作。被推為帝國學士院會員。著有《支那繪畫史》、《支那史學史》、《日本文化史研究》等。有《內藤湖南全集》。中國近世始於宋代說、文化中心移動說，在學界具影響力。

——

津田左右吉
Tsuda Sōkichi，
1873 – 1961 年

歷史學家、文學博士。岐阜縣人。早稻田大學教授，從事日本上古史研究，著有《神代史研究》、《日本上代史研究》、《古事記及日本書紀研究》等，認為神代史並非歷史事實，為「記紀」的學術研究奠定了基礎。1940 年日本當局曾以冒瀆皇室尊嚴為由，判以禁止出版處分。戰後著文維護皇室。有《津田左右吉全集》。

日本近代的人文學者

西田幾多郎
Nishida Kitarō，
1870 – 1945 年

哲學家。曾任京都大學教授。強調「主客合一」，企圖建立一種超越於唯物主義和唯心主義的哲學系統，實質上是以東方佛教思想為基礎，而以西方哲學思想為材料。著有《善之研究》、《無的自覺限定》、《哲學的根本問題》等。

田邊元
Tanabe Hajime，
1885 – 1962 年

哲學家。最初從新康德主義出發，進行「科學哲學」研究。其後逐漸從西田哲學獨立出來，創立了田邊哲學，企圖建立超越唯物主義和唯心主義的「絕對辯證法」。主要著作有《黑格爾哲學與辯證法》、《種的邏輯的世界圖式——到絕對媒介的哲學之路》、《作為懺悔道的哲學》等。

柳田國男
Yanagita Kunio，
1875 – 1962 年

詩人、民俗學家。生於兵庫縣。年輕時以新體詩人知名，東京帝國大學畢業，任官職。1924 至 1932 年任《朝日新聞》評論員。戰後創辦民俗學研究所、日本民俗學會，著《都市與農村》、《明治大正史世相篇》等，有《柳田國男集》。

日本近代的人文學者

戶阪潤
Tosaka Jun，
1900 – 1945 年

哲學家。1932 年參加創建唯物論研究會，領導《唯物論研究》的出版工作，並參與編輯《唯物論全書》，致力於馬克思主義的傳播。1938 年日本當局以違反「治安維持法」，逮捕他下獄，後死於獄中。著作有《意識形態概論》、《技術哲學》、《科學論》、《日本意識形態論》等。

———

永田廣志
Nagata Hiroshi，
1904 – 1947 年

哲學家。1929 年參加無產階級科學研究所（1928 年創立，1934 年解散）工作，並參加戰鬥的無產論者同盟的活動。1932 年在唯物論研究會創建時成為重要成員，曾數度被捕。戰後是「民主主義科學家協會」的創始人之一。主要著作有《唯物辯證法講話》、《唯物史觀講話》、《現代唯物論》、《日本唯物論史》、《日本哲學思想史》等。

———

丸山真男
Maruyama
Masao，
1914 – 1996 年

政治學家、思想史家。生於大阪。東京大學教授。1950 年前後，活躍於參加和平問題談話會，成為思想界的領導人之一，其後致力於思想史研究。著有《日本政治思想史研究》、《現代政治的思想和行動》、《日本的思想》等。

14

令和時代

（2019 年-現在）

14　令和時代

改元令和——日皇德仁登基

2019 年（令和元年）	5 月 1 日，德仁親王繼承皇位，舉行即位之禮，成為第一百二十六代天皇，改年號為「令和」。10 月 1 日，消費稅率增至 10%。
2020 年（令和二年）	9 月，菅義偉內閣成立。
2021 年（令和三年）	7 月至 8 月，2020 年夏季奧運在東京舉行。10 月，岸田文雄內閣成立。
2022 年（令和四年）	4 月 11 日，日本成年人的年齡由二十歲調低至十八歲。7 月 18 日，前首相安倍晉三在奈良遇襲中槍不治。7 月 8 日，執政自民黨在參議院大選中取得單獨過半數席次的勝利。

令和
Reiwa

日本德仁年號，2019 年 5 月 1 日開始使用。這個年號選自日本古籍《萬葉集》，當中有「初春令月，氣淑風和」的詩句。《萬葉集》是最早的和歌集，令和是日本首個不直接由中國古籍選出的年號。

消費稅
Consumption tax /
Value-added tax

指政府對於消費者的消費行為進行課稅的稅金，日本的消費稅屬於增值稅。1989 年 4 月 1 日施行《消費稅法》，稅率為 3%，1997 年 4 月 1 日增至 5%，2014 年 4 月 1 日增至 8%，2019 年 10 月 1 日增至 10%。

2020 夏季奧林匹克運動會
2020 Summer Olympics

簡稱「2020 東京奧運」，2021 年 7 月 23 日至 8 月 8 日在日本東京舉行，為期十七天，因疫症流行而延期舉行。

安倍晉三
Abe Shinzō，
1954 – 2022 年

政治家。外祖父岸信介、外叔公佐藤榮作曾任首相，父親安信晉太朗曾任外務大臣。畢業於成蹊大學政治系。1993 年當選承議員，連任十屆。2005 年任內閣官房長官，2006 至 2007 年、2012 至 2020 年，兩次出任首相，是日本憲政史上在任最長的首相。後於奈良為自民黨參選者助選，在演說時遇襲，中槍後搶救無效。倡導「安倍經濟學」，以期振興低迷的經濟；在外交方面則加強日美同盟，提出「自由開放的印度太平洋構想」。

松本零士
Matsumoto Reiji，
1938 – 2023 年

漫畫家。生於福岡縣。早年專畫少女漫畫和少年漫畫。1974 年著手創作動漫電視劇《宇宙戰艦大和號》，1977 年發表《銀河鐵道 999》；1980 年代的《千年女王》，亦引起巨大反響。他的大型科幻作品，在日本以至世界多個國家都有廣大讀者和觀眾。

15 中日關係

（遠古-現在）

15　中日關係

先秦兩漢——中日兩國往來

公元前十一世紀	傳説周武王滅殷時，商臣箕子率部移居朝鮮半島，部分人進入日本列島。
公元前 770–前 221 年	春秋戰國時期，部分漢人從朝鮮半島移居日本列島。
公元前 221–前 210 年	秦始皇派琅琊郡方士徐福入海中仙山，尋找長生之藥，徐福攜童男童女赴日本。
公元前 108 年	西漢元封三年，日本的倭人國與西漢交往。
57 年	東漢中元二年，日本的倭奴國王遣使到東漢朝貢，漢光武帝授予金印綬。
107 年	東漢永初元年，倭國王帥升遣使東漢，獻奴隸一百六十人。
205 年	東漢建安十年，遼東太守公孫康設置帶方郡，集中管理與倭國的交往事。

樂浪　古郡名，漢武帝元封三年（公元前 108 年）設置。治所在今朝鮮平壤市南，轄境約相當於今朝鮮的平安南道、黃海南道、黃海北道、江原北道，及咸鏡南道、江原南道、京畿道部分。東漢末年，分南境荒地置帶方郡。西晉末年，其地入高句麗，而於今遼寧義縣僑置。北魏延和元年（432 年）廢。

帶方	古郡名。東漢建安年間，公孫康分樂浪郡南的荒地置帶方郡；治帶方（今朝鮮鳳山附近），轄境在今朝鮮的黃海南道和北道一帶。239 年，日本邪馬台國女王卑彌呼派大夫難升米至此，郡太守劉夏遣使護送使者至洛陽。西晉末年，地屬高句麗，前燕僑置於今遼寧西部義縣北，至北魏延和元年（432 年）廢。

徐福	秦朝方士。亦作徐市。齊人。公元前 219 年（秦始皇二十八年）上書，謂海中有三神山，名為蓬萊、方丈、瀛洲，仙人居之。秦始皇派他帶領數千童男童女，入海求仙藥；後又允派善射者一同出海，以御鮫魚。徐福去後不回，《史記》說他「止王不來」。傳聞徐福去了日本，有多處與他相關的遺址。

漢委奴國王	中國東漢對日本國王的稱呼。1784 年，日本九州志賀島農民發現一枚金印，上面鐫有「漢委奴國王」字樣。「委奴」即「倭奴」。一般認為漢光武帝所賜。《後漢書·東夷傳》載：「光武中元二年〔57 年〕，倭奴國奉貢朝賀，使人自稱大夫，光武賜以印綬。」倭奴國王是日本地方政權最早遣使交通中國的國王。

弓月君	傳說古代從朝鮮到達日本的一個中國僑民。弓月是名，君為尊稱。《日本書紀》記載，應神天皇時，秦人弓月君帶領一百二十縣民從百濟到日本。或謂「一百二十縣民」

是「一百二十氏民」之誤。

漢織　指從中國請到日本的機織手工業者，帶去絹絲機紡和縫紉技術。據《日本書紀》所載，日本出使中國南朝劉宋的身狹村主青等，帶同「漢織、吳織及衣縫」。

吳織　指中國古代南方的機織手工業者。《日本書紀》載應神天皇時遣阿知使主、都加使主於吳，令求縫工人；吳王給予四名技工，即兄媛、弟媛、吳織、穴織。《日本書紀》的〈雄略記〉，謂出使南朝劉宋的身狹村主青等帶回「漢織、吳織及衣縫」。

阿知使主　倭國遣往三國吳的使者。應神天皇時，阿知使主與都加使主使吳，銜命求取縫工。吳王應求，給予四名技工。

都加使主　見「阿知使主」條。

魏晉南朝──日本遣使來華

238 年	三國魏景初二年，邪馬台國女王卑彌呼遣使中國，魏明帝詔授金印紫綬。
240–248 年	三國魏正始元年至八年，曹魏與邪馬台國互遣使臣。
258 年	三國魏甘露三年，倭女王壹與數次遣使至魏都或帶方郡。
265–420 年	西晉秦始元年至東晉元熙二年，日本列島多國先後數十次遣使到晉朝朝貢。東晉內亂，漢人大量遷徙到日本，傳播中國文化及帶去生產技術。
299 年	西晉元康八年，自稱漢獻帝後裔的高萬貴到日本近江國志賀郡定居。
421–428 年	南朝宋永初二年至升明二年，倭王贊、珍（珎）、濟、興、武分別多次向劉宋朝廷遣使進貢，並受冊封。此時日本朝廷已能使用漢字。
479–502 年	南朝齊建元元年至梁天監元年，齊、梁二朝冊封倭王武。此後倭王未遣使奉表朝貢。
552 年	南朝梁承聖元年，司馬達等赴日本，定居大和高市郡坂田村，築草堂供奉佛像。與此同時，百濟王遣使送佛像和佛經給倭王，佛教開始在日本流傳。

親魏倭王　三國時期魏明帝封給日本邪馬台國女王卑彌呼的稱號。景初二年（239 年），卑彌呼遣使者難升米等到洛陽朝見魏明帝及獻上貢品；魏明帝授予紹書，稱「制紹親魏倭王卑彌呼」，並有賞賜。此後八年，兩國使節往來頻繁。

末盧國　三世紀前期北九州地區的部落國家。據《魏志·倭人傳》記載，有居民四千戶。末盧國的位置，推定在今佐賀縣名護屋或唐津附近。

司馬達等　中國南朝梁時人。522 年渡日。曾與蘇我馬子一同致力於佛教，其子女亦出家；孫子鞍作止利是飛鳥時代著名佛像工匠，因製作元興寺金堂的佛像，推古天皇賜水田三十町。623 年製作法隆寺金堂的釋迦牟尼像，1951 年被指定為國寶。

中國典籍的日本記載

山海經
中國古籍最早關於日本的記載，見《山海經・海內北經》：「蓋國中巨燕南，倭北，倭屬燕。」文中所說的「倭」，與現時日本列島的方位相同。

———

漢書・地理志
東漢班固撰《漢書》，其中的〈地理志〉於「燕地」條下提到「倭」：「夫樂浪海中有倭人，分為百餘國，以歲時來獻見。」倭就是指日本。

———

魏志・倭人傳
西晉陳壽撰《三國志》，其《魏書・東夷傳》中，有關於倭人的記事，通稱《魏志・倭人傳》。這是唯一記載三世紀前後日本史事的文獻資料，以邪馬台國為中心，全面地敍述了當時日本的地理位置、國家政治、社會經濟、人民生活和風俗習慣，以及倭與魏之間的使節往來等情況。

———

後魏書・東夷傳
南朝宋范曄著《後漢書》，其〈東夷傳〉中有關於「倭」的專條，記載了當時日本的情形。《後漢書》的撰著，是在《三國志》之後。

中國典籍的日本記載

**隋書·
倭國傳**　　唐魏徵等撰。總序摘錄《魏志·倭人傳》，然後以斷代史方法記述中日交通。七世紀初，日本共有五次遣隋使，《隋書》有記載；留學生把中國文化帶回日本，對大化革新有推進作用。

———

**舊唐書·
倭國傳·
日本傳**　　後晉劉昫等著。《舊唐書》中，〈倭國傳〉和〈日本傳〉並列：〈倭國傳〉記貞觀二十二年（648年）前的史事，〈日本傳〉記武周長安三年（703年）以後史事。據此，學界認為中國對日本的稱謂，其更改時間，是在648至703年之間。

———

**宋史·
日本傳**　　元脫脫等撰《宋史》，〈日本傳〉中載有日本世系，保留古史資料，還有關於宋日交流的記述。

———

**新元史·
日本傳**　　近代柯劭忞著《新元史》，〈外國傳〉中附有〈日本傳〉，於元代中日交戰記載甚詳。

———

**明史·
日本傳**　　清張廷玉撰《明史》，〈外國傳〉中附〈日本傳〉，記載明代中日關係，包括朝貢貿易、倭寇活動和援朝抗倭的情況。

中國典籍的日本記載

吾妻鏡補　清翁廣平撰，1814 年成書。《吾妻鏡》記載鎌倉幕府史事，由幕府指定的家臣編撰，內容廣泛，是研究鎌倉時代政治史及武家社會的基本史料。《吾妻鏡補》中的〈世系表〉，記載了神武天皇前二十三世及其後一百二十代天皇世系和大事；地理、風土、食貨、職官、藝文等志和通商規條、國書、國語解、兵事、雜記等，記載了日本的歷史沿革、經濟文化。此書亦稱《日本國志》，成書比黃遵憲的《日本國志》早了七十多年。

———

日本日記　近代羅森著，分三期在 1854 至 1855 年於香港出版的《遐邇貫珍》月刊上發表，是記載美國培里率艦強迫日本開國經過的重要著作，日本有輯印本出版。

———

日本國志　近代黃遵憲撰，四十卷，1887 年成書，記載日本歷史、學術思想，以及中日文化交流的情況；書中關於明治維新的論述，對中國的戊戌變法造成影響。

中國正史日本傳一覽表

朝代	編撰者	書名	卷次	傳・志名	稱呼
南朝宋	范曄（398-455）	《後漢書》	115	東夷	倭
晉	陳壽（233-297）	《三國志》	30	東夷	倭人
唐	房玄齡（579-648）	《晉書》	97	東夷	倭人
梁	沈約（441-513）	《宋書》	97	夷蠻	倭國
梁	蕭子顯（489-537）	《南齊書》	58	東南夷	倭國
唐	姚思廉（557-637）	《梁書》	57	東夷	倭
唐	李延壽	《南史》	79	夷貊下	倭國
唐	李延壽	《北史》	94	四夷	倭
唐	魏徵（580-643）	《隋書》	81	東夷	倭國
五代晉	劉昫（888-946）	《舊唐書》	199上	東夷	倭國・日本國
宋	宋祁（996-1061）	《新唐書》	220	東夷	日本
元	脫脫（1314-1355）	《宋史》	491	外國	日本國
明	宋濂（1310-1381）	《元史》	208	外國（東夷）	日本
民國	柯劭忞（1850-1933）	《新元史》	250	外國（東夷）	日本
清	張廷玉（1672-1755）	《明史》	322	外國（東夷）三	日本

隋唐五代——中國文化交流

600 年	隋開皇十九年，日本聖德太子首次向隋朝派遣使節。
607 年	隋大業三年，聖德太子以小野妹子為正使，第二次遣使隋朝，同行沙門數十人，是首次向中國派遣學問僧。
630 年	唐貞觀四年，舒明天皇以犬上御田鍬為正使，首次赴唐朝。
646 年	唐貞觀二十年，日本「大化革新」，模仿唐朝的政治、經濟制度，進行改革。
653 年	唐永徽四年，日僧道昭入唐跟從玄奘學法相宗義，回國後以元興寺為中心傳法。
716 年	唐開元四年，日本學問僧阿倍仲麻呂來華，後在唐朝擔任官職。
759 年	唐乾元二年，鑑真大法師在日本奈良建造唐招提寺。
894 年	唐乾寧元年，日本第十九次派出遣唐使。
923 年	五代後唐同光元年，吳越國王錢鏐冊封「海中諸國」。此後日本與吳越通過商人傳遞國書，保持半官方性質的交往。
987 年	五代後周顯德四年，吳越國王錢弘俶遣持禮使盛德言赴日本，求取教典。

四舶

八世紀時日本對遣唐使的代稱。其初，遣唐使的人數不多，分乘兩船成行；至八世紀，到盛唐訪問和學習增至五六百人，分乘四艘海舶：第一艘是大使，第二艘是副使；第三、四艘，為首的是判官。日本詩歌之中，常用「四舶」作為遣唐使的代名詞。

玄昉
Genbō，
? – 740 年

俗姓阿刀氏，大和縣（今奈良）人。開元五年（717 年）入唐，從智周學法相宗義。唐玄宗曾按三品賞紫袈裟。735 年回國，帶回佛像及經疏五千卷，以奈良興福寺為弘法中心。曾為皇太后治病，受寵於聖武天皇，任宮中佛殿大法師。739 年被派往筑紫，負責修建觀音寺。

真名
Mana

日本對漢字的稱呼，相對於「假名」而言。古代日本直接用漢字記事，至八世紀中期，借用漢字音訓表達日本語意；九世紀中期，借用漢字偏旁創製日本文字，稱為假名。

新羅船
Shiragi fune

唐代活躍於中、朝、日航線上的新羅國海舶，是唐海舶的補充。新羅船常往來於今中國山東、江蘇沿海與日本之間，839 年，日本遣唐使回國，在楚州（今中國江蘇淮安）僱乘新羅船，取道新羅返日本。

宋元時期——民間貿易持續

983 年	北宋太平興國九年,日僧奝然率弟子赴宋參拜佛教聖地,宋太宗召見並授予「法濟大師」名號。
1003 年	北宋咸平六年,日僧寂昭赴宋朝聖,宋真宗召見並授予「元通大師」名號。
1013 年	北宋大中祥符六年,宋真宗遣使送牒文和禮物給日本天皇。
1072 年	北宋熙寧五年,日僧成尋赴宋朝聖;次年應詔在汴京祈雨,宋神宗授予「善慧大師」名號。宋神宗托返日僧人賴緣帶信和禮物《金泥法華經》等贈給日本天皇。
1172 年	南宋乾道八年,南宋明州刺史給日本送去牒狀和禮品,以求擴大貿易規模;此後日本解除不准日商出國貿易的禁令,日商得以自由赴南宋貿易。
1249 年	南宋淳祐九年,中國高僧蘭溪道隆在日本建立建長寺,成為日本禪宗教派祖師。
1283–1290 年	元至元二十年至二十七年,元世祖忽必烈多次下令征日,均因事受阻。
1304 年	元大德八年,元朝因日本武士竊擾中國沿海,在定海設千戶駐軍防倭。

奝然

Chōnen，
? – 1016 年

平安中期的三論宗僧侶。俗姓秦。京都人。983 年乘搭宋商人船到中國，巡禮天台山、五台山等地；謁見宋太宗，受贈法濟大師名號。987 年，攜大藏經五千餘卷、釋迦像及十六羅漢像等回國。989 年成為東大寺別當，不久隱退，在京都西部嵯峨建清涼寺，並申請將愛宕山改稱五台山。著有《入宋日記》四卷，已佚。

入宋僧

古代日本到宋朝求法的僧侶，其目的為巡拜天台山、五台山等聖跡。宋時中日並無邦交，少數日本僧侶經朝廷允許出國，到中國後，往往得到宋朝皇帝接見和封賜，藉此了解日本情況，在某個程度上起著信使的作用。入宋僧除帶來日本圖籍外，還包括一些在中國已經失佚的古籍。代表人物有奝然、寂昭、成尋等，傳回中國文化，對日本的佛學和雕刻、印刷術的發展，起了促進作用。

榮西

Eisai，
1141 – 1215 年

日本佛教臨濟宗創始人。俗姓賀陽，號明庵，備中（今岡山）人。十九歲到比叡山學天台宗教義。1168 年入宋，先訪明州（今中國浙江寧波）廣慧寺，繼赴天台山巡禮聖跡，得天台章疏三十餘部回國。1187 年再度入宋，得禪宗真傳。1191 年返日本，1196 年在博多建聖福寺，為日本禪宗之始，作《興禪護國論》，與天台宗辯駁，得鎌倉幕府支持。1200 年建壽福寺，1202 年在京都建建仁寺，作為傳佈台、密、禪三宗的基地，其後融合三宗而成臨濟宗。榮西又從中國帶回茶種，在日本種

植，並著《吃茶養生記》，傳播中國的飲茶文化。

天龍寺船
Tenryuji fune

室町幕府時期派往中國的半官方貿易船。元代中日之間，以民間貿易為主，鎌倉末年，各大神社、寺院得到幕府同意，亦派船到中國進行貿易。1314 年，室町幕府為在東都嵯峨創建天龍寺，派船到中國貿易以獲利籌資，稱為天龍寺船。其後把派到中國籌集某項資金的貿易船，都稱為天龍寺船。這種貿易，至明代發展為勘合貿易。

禪宗
Zensū

佛教宗派之一。主張佛教的真髓在於坐禪，可以自我徹悟，發現人本來具有的心性，以此成佛。先後由道昭、最澄、圓仁等從中國唐朝傳入日本，正式傳佈則始自鎌倉初期。榮西於宋時兩次來參學，回國後創臨濟宗；其再傳弟子道元入宋，將曹洞宗傳到日本。另有明僧隱元隆琦訪日傳入的黃檗宗，是中國臨濟宗的一派。禪宗對日本的學術、思想、文化以至社會生活，都有很大的影響。

明清時期——「倭寇」擾亂海疆

1374 年	明洪武六年，日本南北朝使節到達明都南京，與明朝建立外交關係。
1404 年	明永樂二年，明朝與日本室町幕府實行「勘合貿易制」；自此至1547 年，日本共向明朝派出十九次朝貢貿易船隊。
1561–1568 年	明嘉靖四十年至隆慶二年，明將戚繼光、俞大猷率軍抗倭，基本解決了近兩個世紀的倭寇之患。
1592–1598 年	明萬曆二十年至二十六年，日本統治者豐臣秀吉派軍入朝鮮，明朝派軍援助朝鮮。
1659 年	清順治十六年，朱舜水流亡海外，後避居日本講學，促進日本水戶學派的形成。
1685 年	清康熙二十四年，清朝康熙帝下令與日本進行貿易。
1714 年	清康熙五十三年，日本公佈《正德新商法》，限制進入日本的中國商船數量和貿易金額，實行「信牌貿易」，直至鴉片戰爭時期。
1716 年	清康熙五十五年，日本長崎聖堂設立唐韻勤學會，使通事子弟學習中國語。
1717 年	清康熙五十六年，清朝開寧波、南京為對日通商的主要港口。
1805 年	清嘉慶十年，日本江戶幕府開始嚴禁「唐物」走私貿易。
1871 年	清同治十年，李鴻章與伊達宗城在天津簽訂《中日修好修規》和《中日通商章程》。

1872 年	清同治十一年，日本借口琉球漁民被殺事件，製造侵台輿論，並冊封琉球國王為日本藩王。同年，日本在北京設立公使館，副島種臣為首任駐華公使。
1877 年	清光緒三年，清政府任命翰林院侍講何如璋為駐日欽差大臣。
1879 年	清光緒五年，日本正式吞併琉球，改為沖繩縣。
1887 年	清光緒十三年，曾任駐日公使館參贊的黃遵憲寫成《日本國志》。
1894 年	清光緒二十年，日本在上海創辦《佛門日報》，是日本人在華經營漢文報紙之始。甲午戰爭爆發。
1895 年	清光緒二十一年，中日簽訂《馬關條約》。
1896 年	清光緒二十二年，中國第一批留學生十三人赴日本。
1898 年	清光緒二十四年，流亡日本的梁啟超在橫濱刊行《清議報》。
1990 年	清光緒二十六年，中國留日學生在東京刊行《譯書匯編》。
1901 年	清光緒二十七年，清政府與包括日本在內的十一個國家簽訂《辛丑條約》。同年，日人在北京創辦中文《順天時報》。
1902 年	清光緒二十八年，梁啟超在橫濱創辦《新民叢報》。
1905 年	清光緒三十一年，中國同盟會在東京成立，並發行機關誌《民報》，就革命與君憲問題展開與《新民叢報》論爭。同年，日本文部省頒佈《清國留學生取締規則》，激起中國留學生罷課和回國運動。
1906 年	清光緒三十二年，日本在中國東北設立南滿洲鐵道株式會社。同年，敕令設立關東都督府。

遣明使

Kenminshi；
Embassies to Ming
China

日本派往明朝的使節。明初，據有九州的懷良親王，於1371年派僧人祖來為使者到明朝，但未建立穩定的關係。室町幕府第三代將軍足利義滿統一日本後，於1401年遣肥原和祖阿為使者，攜帶國書和貢物至明朝，明惠帝派人隨同回訪。1403年，足利義滿派天龍寺高僧圭密為遣明使，因知明朝發生政變，遂預備兩份國書。抵達時明成祖已在位，即呈上預備給成祖的一份。中日關係正常化，明政府予以特許的勘合貿易；至1434年，簽訂「宣德協定」。遣明使共有十九次，使日本在經濟和文化方面均有很大收益。

勘合貿易

Kangō bōeki；
Tally trade

明朝政府給予日本的特許貿易。元末明初，倭寇騷擾中國沿海，明朝政府對日本來華船隻實行憑證接待制度。永樂元年（1403年），明成祖派趙居任隨日使回訪，攜帶賜贈日本國王冠服、金印等禮物，及勘合百道，一式兩份，一份交給日本幕府，一份由明朝政府存留作為底簿。日船來華必須攜帶勘合，與底簿核實才予接待。規定日本十年一貢，每一貢不過二百人，船限兩艘，不得攜帶武器。宣德九年（1434年），第五代將軍足利義教遣使與明簽訂貿易協定，仍為十年一貢，人數放寬不超三百，船隻不超過三艘。至嘉靖二十六年（1547年），因發生真偽之爭，加上日本戰亂和中國沿海倭患嚴重，勘合貿易終止。

弘文學院
Kōbun Gakuin

亦作「宏文學院」，是為中國留日學生學習日語而設的預備學校。1902 年，嘉納治五郎將亦樂書院改為弘文學院，其後因學生人數激增，增開五所分校。本科學制為三年，另有一年以下的速成科。至 1909 年停辦，總共有畢業生三千八百多人。

中日修好條規
Sino-Japanese Amity Treaty of 1871

近代中國與日本最早簽訂的條約。1870 年，日本派外務大臣柳原前光到北京，提出訂約要求；次年派大藏卿伊達宗城為全權大臣，到天津進行談判，與清朝全權大臣李鴻章簽訂《修好條規》十八條、《通商章程》三十三條。

中日天津條約
Tianjin Convention

中日兩國締結關於朝鮮甲申事變的善後條約。1885 年，日本政府全權大使伊藤博文與清朝全權代表李鴻章在天津簽訂。修約規定，如朝鮮發生內亂，雙方或一方需出兵時，應事先行文通報；內亂平定後，即行撤軍。後來日本就是利用這一條款，發動中日甲午戰爭。

馬關條約
Treaty of Shimonoseki

中日兩國訂立關於結束中日甲午戰爭的不平等條約。1895 年在日本馬關（今下關，在山口縣）春帆樓簽訂，共十一條，附有《另約》和《議訂專條》各三條。當中包括中國「割讓」台灣全島及所有附屬島嶼、澎湖列島，及遼東半島給日本；賠償日本軍費二億兩銀，等等。後因俄、法、德三國干預，迫日本交還遼東半島。

民國時期——日本大舉侵華

1913 年	日本政府承認中華民國。
1914 年	孫中山在東京成立中華革命黨。
1915 年	日本駐華公使日置益向袁世凱提出「二十一條」要求。
1917 年	日本開始向段祺瑞政府提供「西原借款」。
1919 年	日本代表在巴黎和會要求取得德國在山東的一切特權，中國爆發五四運動；巴黎和會簽訂《凡爾賽和約》，規定德國在山東強佔的一切特權讓予日本。
1924 年	孫中山在日本發表「大亞洲主義」講話，勸日本做「東方王道的干城」。
1931 年	日本發動九一八事變。
1932 年	日本在中國東北成立「滿洲國」。
1937 年	七七事變爆發，中日戰爭開始。
1941 年	日本發動太平洋戰爭，香港淪陷。
1943 年	中、美、英三國發表《開羅宣言》。
1945 年	中、美、英三國發表《波茨坦公告》，敦促日本無條件投降。日本戰敗投降。

孫中山論日本
Sun Yat-sen on Japan

1924 年孫中山在日本對神戶商業會議所等團體演講，提倡「大亞洲主義」，認為「東方的文化是王道，西方的文化是霸道」，日本民族既有亞洲王道文化的本質，又得到歐美的霸道文化，「從今以後對於世界文化的前途，究竟是做西方霸道的鷹犬，或是做東方王道的干城，就在你們日本國民去詳審慎擇！」日本當與中國扶助，攜手進步。苟能互相合作。中、日、美三國建立友好協調的關係，亞太地區以至全球的穩定發展，才有真正的保障。

中日戰爭
Sino-Japanese War

以 1937 年 7 月 7 日的盧溝橋事件為開端，中日兩國展開全面戰爭。中國稱為「抗日戰爭」或「八年抗戰」，日本稱為「支那事變」或「日華事變」。中日戰爭是第二次世界大戰的一部分，也是太平洋戰爭的一部分。中國方面，結成第二次國共合作的抗日統一戰線；日本方面，於 1938 年 4 月公佈《國家總動員法》，全面實施戰時經濟統制，開展國民精神總動員運動和新體制運動，進一步推行法西斯化。1940 年進駐法屬印度支那北部，企圖加強封鎖重慶的中國國民政府，因而加深了與美、英的對立，而有偷襲美國珍珠港之舉，爆發太平洋戰爭。1945 年終於接受《波茨坦公告》，宣佈投降。

中日復交——兩國關係展望

1949 年	中華人民共和國成立。
1952 年	日本結束被佔領時期。
1962 年	高崎達之助率領日本經濟代表團訪華，與中日友好協會會長廖承志簽署《關於發展中日兩國民間貿易備忘錄》。
1972 年	日本首相田中角榮訪華，實現中日邦交正常化。
1978 年	簽訂《中日和平友好條約》。
1979 年	簽訂《中日文化交流協定》。
1992 年	日皇明仁和皇后訪華。
1993 年	日中友好協會成立三十周年。
1995 年	戰後五十周年發表村山談話。
1999 年	日本施行《周邊事態法》。
2017 年	東京上野動物園新誕生的熊貓命名為「香香」。2023 年與另外三隻熊貓返中國。
2022 年	中國國家主席習近平與日本首相岸田文雄在泰國曼谷首次握手和會面，在會談中就攜手構建具有建設性且穩定的雙邊關係以及推進首腦和部長級對話等達成共識。
2023 年	中日兩國舉行安全對話。

高碕達之助
Takasaki
Tatsunosuke，
1885 – 1964 年

政治家、企業家。生於大阪。留學美國、墨西哥，學習水產和罐頭工業；回國後，創立東洋製罐株式會社、東洋鋼板和東洋機械株式會社。戰時在中國東北擔任滿洲飛機製造公司理事長，其後出任滿洲重工業開發會社副總裁、總裁。戰後負責海外日本人遣返工作，1950 年代任鳩山內閣經濟審議廳長官，1955 年以日本代表團團長身分出席萬隆會議。1960 年應中國總理周恩來的邀請訪華，1962 年率領日本經濟代表團到中國訪問，與中日友好協會會長廖承志簽署《關於發展中日兩國民間貿易備忘錄》，推動了兩國的民間貿易和友好發展。

中日恢復邦交

日文稱為「日中國交回復」。1972 年 9 月 25 日，日本首相田中角榮率領外相大平正芳等到中國北京訪問；29 日，發表《中日聯合聲明》。中日兩國正式恢復自 1945 年以來的邦交，並為其後簽訂《中日和平友好條約》奠定基礎。

中日聯合聲明

日文稱為「日中共同聲明」。1972 年 9 月 29 日在中國北京簽署。中國政府總理周恩來、外交部長姬鵬飛與日本內閣總理大臣田中角榮、外務大臣大平正芳分別代表中日兩國政府簽字。聲明共有九條，揭開了中日關係史的新篇章。

**中日和平友好
條約**

1978 年 8 月 12 日，中國外交部長黃華與日本外務大臣
園田直在中國北京簽署。條約共有五條，對加強和發展
兩國間的和平友好合作關係，及對維護亞太地區的和平
與安全，具有重要的意義。

村山談話
Murayama
Statement

1995 年，日本首相村山富市在戰後五十周年之際，代表
日本政府正式向亞洲各國人民深表反省和歉意。

附錄

年號		西曆	時代
大化	Taika	645 – 650	飛鳥
白雉	Hakuchi	650 – 654	飛鳥
朱鳥	Shuchō	686	飛鳥
大寶	Taih	701 – 704	飛鳥
慶雲	Keiun	704 – 708	奈良
和銅	Wadō	708 – 715	奈良
靈龜	Reiki	715 – 717	奈良
養老	Yōrō	717 – 724	奈良
神龜	Jinki	724 – 729	奈良
天平	Tempyō	729 – 749	奈良
天平感寶	Tempyō Kampō	749	奈良
天平勝寶	Tempyō Shōhō	749 – 757	奈良
天平寶字	Tempyō Hōji	757 – 765	奈良
天平神護	Tempyō Jingo	765 – 767	奈良
神護景雲	Jingo Keiun	767 – 770	奈良
寶龜	Hōki	770 – 781	奈良
天應	Tenō	781 – 782	奈良
延曆	Enryaku	782 – 806	平安
大同	Daidō	806 – 810	平安
弘仁	Kōnin	810 – 824	平安
天長	Tenchō	824 – 834	平安
承和	Jōwa	834 – 848	平安
嘉祥	Kashō	848 – 851	平安
仁壽	Ninju	851 – 854	平安
齊衡	Saikō	854 – 857	平安
天安	Ten'an	857 – 859	平安
貞觀	Jōgan	859 – 877	平安
元慶	Gangyō	877 – 885	平安
仁和	Ninna	885 – 889	平安

年號		西曆	時代
寬平	Kampyō	889 – 898	平安
昌泰	Shōtai	898 – 901	平安
延喜	Engi	901 – 923	平安
延長	Enchō	923 – 931	平安
承平	Jōhei	931 – 938	平安
天慶	Tengyō	938 – 947	平安
天曆	Tenryaku	947 – 957	平安
天德	Tentoku	957 – 961	平安
應和	Ōwa	961 – 964	平安
康保	Kōhō	964 – 968	平安
安和	Anna	968 – 970	平安
天祿	Tenroku	970 – 973	平安
天延	Ten'en	973 – 976	平安
貞元	Jōgen	976 – 978	平安
天元	Tengen	978 – 983	平安
永觀	Eikan	983 – 985	平安
寬和	Kanna	985 – 987	平安
永延	Eien	987 – 989	平安
永祚	Eiso	989 – 990	平安
正曆	Shōryaku	990 – 995	平安
長德	Chōtoku	995 – 999	平安
長保	Chōhō	999 – 1004	平安
寬弘	Kankō	1004 – 1012	平安
長和	Chōwa	1012 – 1017	平安
寬仁	Kannin	1017 – 1021	平安
治安	Jian	1021 – 1024	平安
萬壽	Manju	1024 – 1028	平安
長元	Chōgen	1028 – 1037	平安
長曆	Chōryaku	1037 – 1040	平安
長久	Chōkyū	1040 – 1044	平安
寬德	Kantoku	1044 – 1046	平安
永承	Eijō	1046 – 1053	平安

年號		西曆	時代
天喜	Tengi	1053 – 1058	平安
康平	Kōhei	1058 – 1065	平安
治曆	Jiryaku	1065 – 1069	平安
延久	Enkyū	1069 – 1074	平安
承保	Jōhō	1069 – 1074	平安
承曆	Jōryaku	1077 – 1081	平安
永保	Eiho	1081 – 1084	平安
應德	Ōtoku	1084 – 1087	平安
寬治	Kanji	1087 – 1094	平安
嘉保	Kahō	1094 – 1096	平安
永長	Eichō	1096 – 1097	平安
承德	Jōtoku	1097 – 1099	平安
康和	Kōwa	1099 – 1104	平安
長治	Chōji	1104 – 1106	平安
嘉承	Kajō	1106 – 1108	平安
天仁	Tennin	1108 – 1110	平安
天永	Ten'ei	1110 – 1113	平安
永久	Eikyū	1113 – 1118	平安
元永	Gen'ei	1118 – 1120	平安
保安	Hōan	1120 – 1124	平安
天治	Tenji	1124 – 1126	平安
大治	Daiji	1126 – 1131	平安
天承	Tenshō	1131 – 1132	平安
長承	Chōshō	1132 – 1135	平安
保延	Hōen	1135 – 1141	平安
永治	Eiji	1141 – 1142	平安
康治	Kōji	1142 – 1144	平安
天養	Ten'yō	1144 – 1145	平安
久安	Kyūan	1145 – 1151	平安
仁平	Nimbyō	1151 – 1154	平安
久壽	Kyūju	1154 – 1156	平安
保元	Hōgen	1156 – 1159	平安

年號		西曆	時代
平治	Heiji	1159 – 1160	平安
永曆	Eiryaku	1160 – 1161	平安
應保	Ōho	1161 – 1163	平安
長寬	Chōkan	1163 – 1165	平安
永萬	Eiman	1165 – 1166	平安
仁安	Nin'an	1166 – 1169	平安
嘉應	Kaō	1169 – 1171	平安
承安	Jōan	1171 – 1175	平安
安元	Angen	1175 – 1177	平安
治承	Jishō	1177 – 1181	平安
養和	Yōwa	1181 – 1182	平安
壽永	Juei	1182 – 1185	平安
元曆	Genryaku	1184 – 1185	平安
文治	Bunji	1185 – 1190	鎌倉
建久	Kenkyū	1190 – 1199	鎌倉
正治	Shōji	1199 – 1201	鎌倉
建仁	Kennin	1201 – 1204	鎌倉
元久	Genkyū	1204 – 1206	鎌倉
建永	Ken'ei	1206 – 1207	鎌倉
承元	Jōgen	1207 – 1211	鎌倉
建曆	Kenryaku	1211 – 1213	鎌倉
建保	Kempō	1213 – 1219	鎌倉
承久	Jōkyū	1219 – 1222	鎌倉
貞應	Jōō	1222 – 1224	鎌倉
元仁	Gennin	1224 – 1225	鎌倉
嘉祿	Karoku	1225 – 1227	鎌倉
安貞	Antei	1227 – 1229	鎌倉
寬喜	Kangi	1229 – 1232	鎌倉
貞永	Jōei	1232 – 1233	鎌倉
天福	Tempuku	1233 – 1234	鎌倉
文曆	Bunryaku	1234 – 1235	鎌倉
嘉禎	Katei	1235 – 1238	鎌倉

年號		西曆	時代
曆仁	Ryakunin	1238 – 1239	鎌倉
延應	En'ō	1239 – 1240	鎌倉
仁治	Ninji	1240 – 1243	鎌倉
寬元	Kangen	1243 – 1247	鎌倉
寶治	Hoji	1247 – 1249	鎌倉
建長	Kenchō	1249 – 1256	鎌倉
康元	Kōgen	1256 – 1257	鎌倉
正嘉	Shōka	1257 – 1259	鎌倉
正元	Shōgen	1259 – 1260	鎌倉
文應	Bun'ō	1260 – 1261	鎌倉
弘長	Kōchō	1261 – 1264	鎌倉
文永	Bun'ei	1264 – 1275	鎌倉
建治	Kenji	1275 – 1278	鎌倉
弘安	Kōan	1278 – 1288	鎌倉
正應	Shōō	1288 – 1293	鎌倉
永仁	Einin	1293 – 1299	鎌倉
正安	Shōan	1299 – 1302	鎌倉
乾元	Kengen	1302 – 1303	鎌倉
嘉元	Kagen	1303 – 1306	鎌倉
德治	Tokuji	1306 – 1308	鎌倉
延慶	Enkyō	1308 – 1311	鎌倉
應長	Ōchō	1311 – 1312	鎌倉
正和	Shōwa	1312 – 1317	鎌倉
文保	Bumpō	1317 – 1319	鎌倉
元應	Gen'ō	1319 – 1321	鎌倉
元亨	Genkō	1321 – 1324	鎌倉
正中	Shōchū	1324 – 1326	鎌倉
嘉曆	Karyaku	1326 – 1329	鎌倉
元德	Gentoku	1329 – 1331	鎌倉
元德	Gentoku	1331 – 1332	北朝
元弘	Genkō	1331 – 1334	南朝
正慶	Shōkyō	1332 – 1333	北朝

年號		西曆	時代
建武	Kemmu	1334 – 1338	南朝
建武	Kemmu	1334 – 1338	北朝
延元	Engen	1336 – 1340	南朝
曆應	Ryakuō	1338 – 1342	北朝
興國	Kōkoku	1340 – 1346	南朝
康永	Kōei	1342 – 1345	北朝
貞和	Jōwa	1345 – 1350	北朝
正平	Shōhei	1346 – 1370	南朝
觀應	Kannō	1350 – 1352	北朝
文和	Bunna	1352 – 1356	北朝
延文	Embun	1356 – 1361	北朝
康安	Kōan	1361 – 1362	北朝
貞治	Jōji	1362 – 1368	北朝
應安	Ōan	1368 – 1375	北朝
建德	Kentoku	1370 – 1372	南朝
文中	Bunchū	1372 – 1375	南朝
永和	Eiwa	1375 – 1379	北朝
天授	Tenju	1375 – 1381	南朝
康曆	Kōryaku	1379 – 1381	北朝
弘和	Kōwa	1381 – 1384	南朝
永德	Eitoku	1381 – 1384	北朝
至德	Shitoku	1384 – 1387	北朝
元中	Genchū	1384 – 1392	南朝
嘉慶	Kakyō	1387 – 1389	北朝
康應	Kōō	1389 – 1390	北朝
明德	Meitoku	1390 – 1394	北朝
應永	Ōei	1394 – 1428	室町
正長	Shōchō	1428 – 1429	室町
永享	Eikyō	1429 – 1441	室町
嘉吉	Kakitsu	1441 – 1444	室町
文安	Bun'an	1444 – 1449	室町
寶德	Hōtoku	1449 – 1452	室町

年號		西曆	時代
享德	Kyōtoku	1452 – 1455	室町
康正	Kōshō	1455 – 1457	室町
長祿	Chōroku	1457 – 1460	室町
寬正	Kanshō	1460 – 1466	室町
文正	Bunshō	1466 – 1467	室町
應仁	Ōnin	1467 – 1469	室町
文明	Bummei	1469 – 1487	室町
長享	Chōkyō	1487 – 1489	室町
延德	Entoku	1489 – 1492	室町
明應	Meiō	1492 – 1501	室町
文龜	Bunki	1501 – 1504	室町
永正	Eishō	1504 – 1521	室町
大永	Taiei	1521 – 1528	室町
享祿	Kyōroku	1528 – 1532	室町
天文	Tembun	1532 – 1555	室町
弘治	Kōji	1555 – 1558	室町
永祿	Eiroku	1558 – 1570	室町
元龜	Genki	1570 – 1573	室町
天正	Tenshō	1573 – 1592	安土桃山
文祿	Bunroku	1592 – 1596	桃山
慶長	Keichō	1596 – 1615	江戶
元和	Genna	1615 – 1624	江戶
寬永	Kan'ei	1624 – 1644	江戶
正保	Shōhō	1644 – 1648	江戶
慶安	Keian	1648 – 1652	江戶
承應	Jōō	1652 – 1655	江戶
明曆	Meireki	1655 – 1658	江戶
萬治	Manji	1658 – 1661	江戶
寬文	Kambun	1661 – 1673	江戶
延寶	Empō	1673 – 1681	江戶
天和	Tenna	1681 – 1684	江戶
貞享	Jōkyō	1684 – 1688	江戶

年號		西曆	時代
元祿	Genroku	1688 – 1704	江戶
寶永	Hōei	1704 – 1711	江戶
正德	Shōtoku	1711 – 1716	江戶
享保	Kyōhō	1716 – 1736	江戶
元文	Gembun	1736 – 1741	江戶
寬保	Kampō	1741 – 1744	江戶
延享	Enkyō	1744 – 1748	江戶
寬延	Kan'en	1748 – 1751	江戶
寶曆	Hōreki	1751 – 1764	江戶
明和	Meiwa	1764 – 1772	江戶
安永	An'ei	1772 – 1781	江戶
天明	Temmei	1781 – 1789	江戶
寬政	Kansei	1789 – 1801	江戶
享和	Kyōwa	1801 – 1804	江戶
文化	Bunka	1804 – 1818	江戶
文政	Bunsei	1818 – 1830	江戶
天保	Tempō	1830 – 1844	江戶
弘化	Kōka	1844 – 1848	江戶
嘉永	Kaei	1848 – 1854	江戶
安政	Ansei	1854 – 1860	江戶
萬延	Man'en	1860 – 1861	江戶
文久	Bunkyū	1861 – 1864	江戶
元治	Genji	1864 – 1865	江戶
慶應	Keiō	1865 – 1868	江戶
明治	Meiji	1868 – 1912	明治
大正	Taishō	1912 – 1926	大正
昭和	Shōwa	1926 – 1989	昭和
平成	Heisei	1989 – 2019	平成
令和	Reiwa	2019 –	令和

次序	謚號	尊稱	生卒年份及在位期間
第1代	神武天皇 （Emperor Jimmu）	州日本磐余彥尊	/
第2代	綏靖天皇 （Emperor Suizei）	神渟名川耳尊	/
第3代	安寧天皇 （Emperor Annei）	磯城津彥玉手看尊	/
第4代	懿德天皇 （Emperor Itoku）	大日本彥耜友尊	/
第5代	孝昭天皇 （Emperor Kōshō）	觀松彥香殖稻尊	/
第6代	孝安天皇 （Emperor Kōan）	日本足彥國柙人尊	/
第7代	孝靈天皇 （Emperor Kōrei）	大日本根子彥太瓊尊	/
第8代	孝元天皇 （Emperor Kōgen）	大日本根子彥國牽尊	/
第9代	開化天皇 （Emperor Kaika）	稚日本根子彥大日日尊	/
第10代	崇神天皇 （Emperor Sujin）	御間城入彥五十瓊殖尊	/
第11代	垂仁天皇 （Emperor Suinin）	活目入彥五十狹茅尊	/
第12代	景行天皇 （Emperor Keikō）	大足彥忍代別尊	/
第13代	成務天皇 （Emperor Seimu）	稚足彥尊	/
第14代	仲哀天皇 （Emperor Chūai）	足仲彥尊	/
第15代	應神天皇 （Emperor Ōjin）	譽田別尊	四世紀末至五世紀初

次序	諡號	尊稱	生卒年份及在位期間
第 16 代	仁德天皇 （Emperor Nintoku）	大鷦鷯尊	五世紀前半
第 17 代	履中天皇 （Emperor Richū）	大兄去來穗別尊	五世紀前半
第 18 代	反正天皇 （Emperor Hanzei）	多遲比瑞齒別尊	五世紀前半
第 19 代	允恭天皇 （Emperor Ingyō）	雄朝津間稚子宿禰尊	五世紀中
第 20 代	安康天皇 （Emperor Ankō）	穴穗尊	五世紀中
第 21 代	雄略天皇 （Emperor Yūryaku）	大泊瀨幼武尊	五世紀後半
第 22 代	清寧天皇 （Emperor Seinei）	白髮武廣國押稚 日本根子尊	五世紀後半
第 23 代	顯宗天皇 （Emperor Kenzō）	弘計尊	五世紀後半
第 24 代	仁賢天皇 （Emperor Ninken）	億計尊	五世紀後半
第 25 代	武烈天皇 （Emperor Buretsu）	小泊瀨稚鷦鷯尊	五世紀後半
第 26 代	繼體天皇 （Emperor Keitai）	男大迹尊	六世紀前半
第 27 代	安閑天皇 （Emperor Ankan）	勾大兄尊	六世紀前半
第 28 代	宣化天皇 （Emperor Senka）	檜隈高田尊	六世紀前半
第 29 代	欽明天皇 （Emperor Kimmei）	天國排開廣庭尊	生卒：509 – 571 在位：531 或 539 – 571
第 30 代	敏達天皇 （Emperor Bidatsu）	渟中倉太珠敷尊	生卒：538 – 585 在位：572 – 585
第 31 代	用明天皇 （Emperor Yōmei）	橘豐日尊	生卒：? – 587 在位：585 – 587
第 32 代	崇峻天皇 （Emperor Sushun）	長谷部若雀尊	生卒：? – 592 在位：587 – 592

次序	謚號	諱／名	在位期間（年號）	生卒年份（歲數）
第 33 代	推古天皇（女帝） （Empress Suiko）	額田部	592 – 628	554 – 628 （75 歲）
第 34 代	舒明天皇 （Emperor Jomei）	田村	629 – 641	593 – 641 （49 歲）
第 35 代	皇極天皇（女帝） （Empress Kōgyoku）	寶	642 – 645 大化	594 – 661 （68 歲）
第 36 代	孝德天皇 （Emperor Kōtoku）	輕	645 – 654 大化、白雉	596 – 654 （59 歲）
第 37 代	齊明天皇（女帝） （Empress Saimei）	皇極重祚	655 – 661	594 – 661 （68 歲）
第 38 代	天智天皇 （Emperor Tenji）	中大兄	661 – 671	626 – 672 （46 歲）
第 39 代	弘文天皇 （Emperor Kōbun）	大友	671 – 672	648 – 672 （25 歲）
第 40 代	天武天皇 （Emperor Temmu）	大海人	673 – 686 朱鳥	？ – 686 （56 歲）
第 41 代	持統天皇（女帝） （Empress Jitō）	讚良	686 – 697	645 – 702 （58 歲）
第 42 代	文武天皇 （Emperor Mommu）	珂瑠	697 – 707 大寶、慶雲	683 – 707 （25 歲）
第 43 代	元明天皇（女帝） （Empress Gemmei）	安閑	707 – 715 和銅	661 – 721 （61 歲）
第 44 代	元正天皇（女帝） （Empress Genshō）	冰高	715 – 724 靈龜、養老	680 – 748 （69 歲）
第 45 代	聖武天皇 （Emperor Shōmu）	首	724 – 749 神龜、天平	701 – 756 （56 歲）
第 46 代	孝謙天皇（女帝） （Empress Kōken）	阿倍	749 – 758 天平感寶、天平 勝寶、天平寶字	718 – 770 （53 歲）
第 47 代	淳仁天皇 （Emperor Junnin）	大炊	758 – 764 天平寶字	733 – 765 （33 歲）
第 48 代	稱德天皇（女帝） （Empress Shōtoku）	孝謙重祚	764 – 770 天平神護、神護景雲	718 – 770 （53 歲）
第 49 代	光仁天皇 （Emperor Kōnin）	白壁	770 – 781 寶龜	709 – 781 （73 歲）

次序	謚號	諱／名	在位期間（年號）	生卒年份（歲數）
第 50 代	桓武天皇 （Emperor Kammu）	山部	781 – 806 延曆	737 – 806 （70 歲）
第 51 代	平城天皇 （Emperor Heizei）	安殿	806 – 809 大同	774 – 824 （51 歲）
第 52 代	嵯峨天皇 （Emperor Saga）	神野	809 – 823 弘仁	786 – 842 （57 歲）
第 53 代	淳和天皇 （Emperor Junna）	大伴	823 – 833 天長	786 – 840 （55 歲）
第 54 代	仁明天皇 （Emperor Nimmyō）	正良	833 – 850 承和、嘉祥	810 – 850 （41 歲）
第 55 代	文德天皇 （Emperor Montoku）	道康	850 – 858 仁壽、齊衡、天安	827 – 858 （32 歲）
第 56 代	清和天皇 （Emperor Seiwa）	惟仁	858 – 876 貞觀	850 – 880 （31 歲）
第 57 代	陽成天皇 （Emperor Yōzei）	貞明	876 – 884 元慶	868 – 949 （82 歲）
第 58 代	光孝天皇 （Emperor Kōkō）	時康	884 – 887 仁和	830 – 887 （58 歲）
第 59 代	宇多天皇 （Emperor Uda）	定省	887 – 897 寬平	867 – 931 （65 歲）
第 60 代	醍醐天皇 （Emperor Daigo）	敦仁	897 – 930 寬平、泰昌、 延喜、延長	885 – 930 （46 歲）
第 61 代	朱雀天皇 （Emperor Suzaku）	寬明	930 – 946 承平、天慶	923 – 952 （30 歲）
第 62 代	村上天皇 （Emperor Murakami）	成明	946 – 967 天曆、天德、 應和、康保	926 – 967 （42 歲）
第 63 代	冷泉天皇 （Emperor Reizei）	憲平	967 – 969 安和	950 – 1011 （62 歲）
第 64 代	圓融天皇 （Emperor En'yū）	守平	969 – 984 天祿、天延、貞 元、天元、永觀	959 – 991 （33 歲）
第 65 代	花山天皇 （Emperor Kazan）	師貞	984 – 986 寬和	968 – 1008 （41 歲）

次序	謚號	諱/名	在位期間（年號）	生卒年份（歲數）
第 66 代	一條天皇 （Emperor Ichijō）	懷仁	986 – 1011 永延、永祚、正曆	980 – 1011 （32 歲）
第 67 代	三條天皇 （Emperor Sanjō）	居貞	1011 – 1016 長和	976 – 1017 （42 歲）
第 68 代	後一條天皇 （Emperor Go-Ichijō）	敦成	1016 – 1036 長和、寬仁、 治安、萬壽、 長元、長曆	1008 – 1036 （29 歲）
第 69 代	後朱雀天皇 （Emperor Go-Suzaku）	敦良	1036 – 1045 長曆、長久、寬德	1009 – 1045 （37 歲）
第 70 代	後冷泉天皇 （Emperor Go-Reizei）	親仁	1045 – 1068 寬德、永承、天 喜、康平、治曆	1025 – 1068 （44 歲）
第 71 代	後三條天皇 （Emperor Go-Sanjō）	尊仁	1068 – 1072 治曆、延久	1034 – 1073 （40 歲）
第 72 代	白河天皇 （Emperor Shirakawa）	貞仁	1072 – 1086 延久、承保、承 曆、永保、應德	1053 – 1129 （77 歲）
第 73 代	堀河天皇 （Emperor Horikawa）	善仁	1086 – 1107 應德、寬治、嘉 保、永長、承德、 康和、長治、嘉承	1079 – 1107 （29 歲）
第 74 代	鳥羽天皇 （Emperor Toba）	宗仁	1107 – 1123 嘉承、天仁、 天永、永久、 元永、保安	1103 – 1156 （54 歲）
第 75 代	崇德天皇 （Emperor Sutoku）	顯仁	1123 – 1141 保安、天治、大 治、天承、長承、 保延、永治	1119 – 1164 （46 歲）
第 76 代	近衞天皇 （Emperor Konoe）	體仁	1141 – 1155 永治、康治、 天養、久安、 仁平、久壽	1139 – 1155 （17 歲）
第 77 代	後白河天皇 （Emperor Go-Shirakawa）	雅仁	1155 – 1158 久壽、保元	1127 – 1192 （66 歲）

次序	謚號	諱／名	在位期間（年號）	生卒年份（歲數）
第 78 代	二條天皇 （Emperor Nijō）	守仁	1158 – 1165（1159 年 即位）平治、永曆、 應保、長寬、永萬	1143 – 1165 （23 歲）
第 79 代	六條天皇 （Emperor Rokujō）	順仁	1165 – 1168 永萬、仁安	1164 – 1176 （13 歲）
第 80 代	高倉天皇 （Emperor Takakura）	憲仁	1168 – 1180 仁安、嘉應、承 安、安元、治承	1161 – 1181 （21 歲）
第 81 代	安德天皇 （Emperor Antoku）	言仁	1180 – 1185 治承、養和、壽永	1178 – 1185 （8 歲）
第 82 代	後鳥羽天皇 （Emperor Go-Toba）	尊成	1183 – 1198 元曆、文治、建久	1180 – 1239 （60 歲）
第 83 代	土御門天皇 （Emperor Tsuchimikado）	為仁	1198 – 1210 建久、正治、 建仁、元久、 建永、承元	1195 – 1231 （37 歲）
第 84 代	順德天皇 （Emperor Juntoku）	守成	1210 – 1221 建曆、建保、承久	1197 – 1242 （46 歲）
第 85 代	仲恭天皇 （Emperor Chūkyō）	懷成	1221 承久	1218 – 1234 （17 歲）
第 86 代	後堀河天皇 （Emperor Go-Horikawa）	茂仁	1221 – 1232 貞應、元仁、嘉 祿、安貞、寬喜	1212 – 1234 （23 歲）
第 87 代	四條天皇 （Emperor Shijō）	秀仁	1232 – 1242 貞永、天福、文 曆、嘉禎、曆仁、 延應、仁治	1231 – 1242 （12 歲）
第 88 代	後嵯峨天皇 （Emperor Go-Saga）	邦仁	1242 – 1246 仁治、寬元	1220 – 1272 （53 歲）
第 89 代	後深草天皇 （Emperor Go-Fukakusa）	久仁	1246 – 1259 寬元、寶治、建長、 康元、正嘉、正元	1243 – 1304 （62 歲）
第 90 代	龜山天皇 （Emperor Kameyama）	恆仁	1259 – 1274 正元、文應、 弘長、文永	1249 – 1305 （57 歲）
第 91 代	後宇多天皇 （Emperor Go-Uda）	世仁	1274 – 1287 文永、建治、弘安	1267 – 1324 （58 歲）

次序	諡號	諱/名	在位期間（年號）	生卒年份（歲數）
第 92 代	伏見天皇 （Emperor Fushimi）	熙仁	1287 – 1298 正應、永仁	1265 – 1317 （53 歲）
第 93 代	後伏見天皇 （Emperor Go-Fushimi）	胤仁	1298 – 1301 永仁、正安	1288 – 1336 （49 歲）
第 94 代	後二條天皇 （Emperor Go-Nijō）	邦治	1301 – 1308 正安、乾元、 嘉元、德治	1285 – 1308 （24 歲）
第 95 代	花園天皇 （Emperor Hanazono）	富仁	1308 – 1318 德治、延慶、應 長、正和、文保	1297 – 1348 （52 歲）
第 96 代	後醍醐天皇 （Emperor Go-Daigo）	尊治	1318 – 1339 文保、元應、元 亨、正中、嘉曆、 元德、元弘、建 武、延元	1288 – 1339 （52 歲）
第 97 代	後村上天皇 （Emperor Go-Murakami）	義良	1339 – 1368 延元、興國、正平	1328 – 1368 （41 歲）
第 98 代	長慶天皇 （Emperor Chōkei）	寬成	1368 – 1383 正平、建德、文 中、天授、弘和	1343 – 1394 （52 歲）
第 99 代	後龜山天皇 （Emperor Go-Kameyama）	熙成	1383 – 1392 弘和、元中	? – 1424 （78 歲）
北朝第 1 代	光嚴天皇 （Emperor Kōgon）	量仁	1331 – 1333 正慶	1313 – 1364 （52 歲）
北朝第 2 代	光明天皇 （Emperor Kōmyō）	豐仁	1336 – 1348 建武、應心、 康永、貞和	1321 – 1380 （60 歲）
北朝第 3 代	崇光天皇 （Emperor Sukō）	興仁	1348 – 1351 貞和、觀應	1334 – 1398 （65 歲）
北朝第 4 代	後光嚴天皇 （Emperor Go-Kōgon）	彌仁	1352 – 1371 文和、延文、康 安、貞治、應安	1338 – 1374 （37 歲）
北朝第 5 代	後圓融天皇 （Emperor Go-En'yū）	緒仁	1371 – 1382 應安、永和、 康曆、永德	1358 – 1393 （36 歲）

次序	謚號	諱／名	在位期間（年號）	生卒年份（歲數）
第 100 代	後小松天皇 （Emperor Go-Komatsu）	幹仁	1382 – 1412 永德、至德、 嘉慶、康應、 明德、應永	1377 – 1433 （57 歲）
第 101 代	稱光天皇 （Emperor Shōkō）	實仁	1412 – 1428 應永、正長	1401 – 1428 （28 歲）
第 102 代	後花園天皇 （Emperor Go-Hanazono）	彥仁	1428 – 1464 永享、嘉吉、文 安、寶德、享德、 康正、長祿、寬正	1419 – 1470 （52 歲）
第 103 代	後土御門天皇 （Emperor Go-Tsuchimikado）	成仁	1464 – 1500 寬正、文正、應 仁、文明、長享、 延德、明應	1442 – 1500 （59 歲）
第 104 代	後柏原天皇 （Emperor Go-Kashiwabara）	勝仁	1500 – 1526 明應、文龜、 永正、大永	1464 – 1526 （63 歲）
第 105 代	後奈良天皇 （Emperor Go-Nara）	知仁	1526 – 1557 大永、享祿、 天文、弘治	1496 – 1557 （62 歲）
第 106 代	正親町天皇 （Emperor Ōgimachi）	方仁	1557 – 1586 永祿、元龜、天正	1516 – 1593 （77 歲）
第 107 代	後陽成天皇 （Emperor Go-Yōzei）	和仁	1586 – 1611 天正、文祿、慶長	1571 – 1617 （47 歲）
第 108 代	後水尾天皇 （Emperor Go-Mizunoo）	政仁	1611 – 1629 慶長、元和、寬永	1596 – 1680 （85 歲）
第 109 代	明正天皇（女帝） （Empress Meishō）	興子	1629 – 1643 寬永	1623 – 1696 （74 歲）
第 110 代	後光明天皇 （Emperor Go-Kōmyō）	紹仁	1643 – 1654 寬永、正保、 慶安、承應	1633 – 1654 （22 歲）
第 111 代	後西天皇 （Emperor Gosai）	良仁	1654 – 1663 明曆、萬治、寬文	1637 – 1685 （49 歲）
第 112 代	靈元天皇 （Emperor Reigen）	識仁	1663 – 1687 寬文、延寶、 天和、貞享	1654 – 1732 （79 歲）

次序	謚號	諱／名	在位期間（年號）	生卒年份（歲數）
第 113 代	東山天皇 （Emperor Higashiyama）	朝仁	1687 – 1709 貞享、元祿、寶永	1675 – 1709 （35 歲）
第 114 代	中御門天皇 （Emperor Nakamikado）	慶仁	1709 – 1735 寶永、正德、享保	1701 – 1737 （37 歲）
第 115 代	櫻町天皇 （Emperor Sakuramachi）	昭仁	1735 – 1747 享保、元文、 寬保、延享	1720 – 1750 （31 歲）
第 116 代	桃園天皇 （Emperor Momozono）	遐仁	1747 – 1762 延享、寬延、寶曆	1741 – 1762 （22 歲）
第 117 代	後櫻町天皇（女帝） （Empress Go-Sakuramachi）	智子	1762 – 1770 寶曆、明和	1740 – 1813 （74 歲）
第 118 代	後桃園天皇 （Emperor Go-Momozono）	英仁	1770 – 1779 明和、安永	1758 – 1779 （22 歲）
第 119 代	光格天皇 （Emperor Kōkaku）	兼仁	1779 – 1817 安永、天明、寬 政、享和、文化	1771 – 1840 （70 歲）
第 120 代	仁孝天皇 （Emperor Ninkō）	惠仁	1817 – 1846 文化、文政、 天保、弘化	1800 – 1846 （46 歲）
第 121 代	孝明天皇 （Emperor Kōmei）	統仁	1846 – 1866 弘化、嘉永、安 政、萬延、文久、 元治、慶應	1831 – 1866 （36 歲）
第 122 代	明治天皇 （Emperor Meiji）	睦仁	1867 – 1912 明治	1852 – 1912 （61 歲）
第 123 代	大正天皇 （Emperor Taishō）	嘉仁	1912 – 1926 大正	1879 – 1926 （48 歲）
第 124 代	昭和天皇 （Emperor Shōwa）	裕仁	1926 – 1989 昭和	1901 – 1989 （89 歲）
第 125 代	日皇明仁 （Emperor Akihito）	明仁	1989 – 2019 平成	1933 –
第 126 代	日皇德仁 （Emperor Naruhito）	德仁	2019 – 令和	1960 –

幕府名稱	代數	將軍姓名	在任年月
鎌倉幕府	1	源賴朝（Minamoto no Yoritomo）	1192.7.12 – 1199.1.13
	2	源賴家（Minamoto no Yoriie）	1202.7.23 – 1203.9.7
	3	源實朝（Minamoto no Sanetomo）	1203.9.7 – 1219.1.27
	4	九條賴經（Kujō Yoritsune）	1226.1.27 – 1244.4.28
	5	九條賴嗣（Kujō Yoritsugu）	1244.4.28 – 1252.2.20
	6	宗尊親王（Munetaka Shinnō）	1252.4.1 – 1266.7.2
	7	惟康親王（Koreyasu Shinnō）	1266.7.24 – 1289.9.14
	8	久明親王（Hisaaki Shinnō）	1289.10.9 – 1308.8.4
	9	守邦親王（Morikuni Shinnō）	1308.8.10 – 1333.5.22
室町幕府	1	足利尊氏（Ashikaga Takauji）	1338.8.11 – 1358.4.30
	2	足利義詮（Ashikaga Yoshiakira）	1358.12.8 – 1367.12.7
	3	足利義滿（Ashikaga Yoshimitsu）	1368.12.30 – 1394.12.17
	4	足利義持（Ashikaga Yoshimochi）	1394.12.17 – 1423.3.18
	5	足利義量（Ashikaga Yoshikazu）	1423.3.18 – 1425.2.27
	6	足利義教（Ashikaga Yoshinori）	1429.3.15 – 1441.6.24
	7	足利義勝（Ashikaga Yoshikatsu）	1442.11.7 – 1443.7.21
	8	足利義政（Ashikaga Yoshimasa）	1449.4.29 – 1473.12.19
	9	足利義尚（Ashikaga Yoshihisa）	1473.12.19 – 1489.3.26
	10	足利義稙（Ashikaga Yoshitane）	1490.7.5 – 1521.12.25
	11	足利義澄（Ashikaga Yoshizumi）	1494.12.27 – 1508.4.16
	12	足利義晴（Ashikaga Yoshiharu）	1521.12.25 – 1546.12.20
	13	足利義輝（Ashikaga Yoshiteru）	1546.12.20 – 1565.5.19
	14	足利義榮（Ashikaga Yoshihide）	1568.2.8 – 1568.9
	15	足利義昭（Ashikaga Yoshiaki）	1568.10.18 – 1573.7.19
江戶幕府	1	德川家康（Tokugawa Ieyasu）	1603.2.12 – 1605.4.16
	2	德川秀忠（Tokugawa Hidetada）	1605.4.16 – 1623.7.27
	3	德川家光（Tokugawa Iemitsu）	1623.7.27 – 1651.4.20
	4	德川家綱（Tokugawa Ietsuna）	1651.8.18 – 1680.5.8

幕府名稱	代數	將軍姓名	在任年月
江戶幕府	5	德川綱吉（Tokugawa Tsunayoshi）	1680.8.23 – 1709.1.10
	6	德川家宣（Tokugawa Ienobu）	1709.5.1 – 1712.10.14
	7	德川家繼（Tokugawa Ietsugu）	1713.4.2 – 1716.4.30
	8	德川吉宗（Tokugawa Yoshimune）	1716.8.13 – 1745.9.25
	9	德川家重（Tokugawa Ieshige）	1745.11.2 – 1760.5.13
	10	德川家治（Tokugawa Ieharu）	1760.9.2 – 1786.9.8
	11	德川家齊（Tokugawa Ienari）	1787.4.15 – 1837.4.2
	12	德川家慶（Tokugawa Ieyoshi）	1837.9.2 – 1853.6.22
	13	德川家定（Tokugawa Iesada）	1853.10.23 – 1858.7.4
	14	德川家茂（Tokugawa Iemochi）	1858.12.1 – 1866.8.11
	15	德川慶喜（Tokugawa Yoshinobu）	1866.12.5 – 1867.12.9

伊藤博文（Itō Hirobumi） （1841 – 1909）山口縣	1885.12.22 – 1888.4.30 1892.8.8 – 1896.8.31 1898.1.12 – 1898.6.30 1900.10.19 – 1901.5.10 <div align="right">2,720 日</div>
黑田清隆（Kuroda Kiyotaka） （1840 – 1900）鹿兒島縣	1888.4.30 – 1889.10.25 <div align="right">544 日</div>
山縣有朋（Yamagata Aritomo） （1838 – 1922）山口縣	1889.12.24 – 1891.5.6 1898.11.8 – 1900.10.19 <div align="right">1,210 日</div>
松方正義（Matsukata Masayoshi） （1835 – 1924）鹿兒島縣	1891.5.6 – 1892.8.8 1896.9.18 – 1898.1.12 <div align="right">943 日</div>
大隈重信（Okuma Shigenobu） （1838 – 1922）佐賀縣〔憲政黨、立憲同志會〕	1898.6.30 – 1898.11.8 1914.4.16 – 1916.10.9 <div align="right">1,040 日</div>
桂太郎（Katsura Taro） （1847 – 1913）山口縣	1901.6.2 – 1906.1.7 1908.7.14 – 1911.8.30 1912.12.21 – 1913.2.20 <div align="right">2,886 日</div>
西園寺公望（Saionji Kinmochi） （1849 – 1940）京都府〔立憲政友會〕	1906.1.7 – 1908.7.14 1911.8.30 – 1912.12.21 <div align="right">1,400 日</div>
山本權兵衛（Yamamoto Gonnohyoe） （1852 – 1933）鹿兒島縣〔立憲政友會、革新俱樂部〕	1913.2.20 – 1914.4.16 1923.9.2 – 1924.1.7 <div align="right">549 日</div>
寺內正毅（Terauchi Masatake） （1852 – 1919）山口縣	1916.10.9 – 1918.9.28 <div align="right">721 日</div>

原敬（Hara Takashi） （1856－1921）岩手縣〔立憲政友會〕	1918.9.29 － 1921.11.4	1,133 日
高橋是清（Takahashi Korekiyo） （1854－1936）東京都〔政友會〕	1921.11.13 － 1922.6.12	211 日
加藤友三郎（Katō Tomosaburō） （1861－1923）廣島縣	1922.6.12 － 1923.8.24	440 日
清浦奎吾（Kiyoura Keigo） （1850－1942）熊本縣	1924.1.7 － 1924.6.11	157 日
加藤高明（Katō Takaaki） （1860－1926）愛知縣〔憲政會〕	1924.6.11 － 1926.1.28	597 日
若槻禮次郎（Wakatsuki Reijiro） （1866－1949）島根縣〔憲政會〕	1926.1.30 － 1927.4.20 1931.4.14 － 1931.12.3	690 日
田中義一（Tanaka Giichi） （1864－1929）山口縣〔立憲政友會〕	1927.4.20 － 1929.7.2	805 日
濱口雄幸（Hamaguchi Osachi） （1870－1931）高知縣〔立憲民政黨〕	1929.7.2 － 1931.4.14	652 日
犬養毅（Inukai Tsuyoshi） （1855－1932）岡山縣〔立憲政友會〕	1931.12.13 － 1932.5.16	156 日
齋藤實（Saitō Makoto） （1858－1936）岩手縣〔中間內閣〕	1932.5.26 － 1934.7.8	774 日
岡田啟介（Okada Keisuke） （1868－1952）福井縣〔中間內閣—立憲民政黨〕	1934.7.8 － 1936.3.9	611 日
廣田弘毅（Hirota Kōki） （1878－1948）福岡縣〔非國會議員〕	1936.3.9 － 1937.2.2	331 日
林銑十郎（Hayashi Senjūrō） （1876－1943）石川縣〔中間內閣〕	1937.2.2 － 1937.6.4	123 日
近衛文麿（Konoe Fumimaro） （1891－1945）東京都〔中間內閣〕	1937.6.4 － 1939.1.5 1940.7.22 － 1941.10.18	1,035 日
平沼騏一郎（Hiranuma Kiichirō） （1867－1952）岡山縣〔中間內閣〕	1939.1.5 － 1939.8.30	238 日

阿部信行（Abe Nobuyuki）	1939.8.30 – 1940.1.16	
（1875 – 1953）石川縣〔中間內閣〕		140 日
米內光政（Yonai Mitsumasa）	1940.1.16 – 1940.7.22	
（1880 – 1948）岩手縣〔中間內閣〕		189 日
東條英機（Tōjō Hideki）	1941.10.18 – 1944.7.22	
（1884 – 1948）東京都〔舉國一致內閣〕		1,009 日
小磯國昭（Koiso Kuniaki）	1944.7.22 – 1945.4.7	
（1880 – 1950）櫪木縣〔中間內閣〕		260 日
鈴木貫太郎（Suzuki Kantarō）	1945.4.7 – 1945.8.17	
（1867 – 1948）大阪府〔中間內閣〕		133 日
東久邇稔彥（Higashikuni Naruhiko）	1945.8.17 – 1945.10.9	
（1887 – 1990）京都府〔中間內閣〕		54 日
幣原喜重郎（Shidehara Kijūrō）	1945.10.9 – 1946.5.22	
（1872 – 1951）大阪府〔同和會〕		226 日
吉田茂（Yoshida Shigeru）	1946.5.22 – 1947.5.24	
（1878 – 1967）東京都〔自由黨〕	1948.10.15 – 1949.2.16	
	1949.2.16 – 1952.10.30	
	1952.10.30 – 1954.12.10	
		2,616 日
片山哲（Katayama Tetsu）	1947.5.24 – 1948.3.10	
（1887 – 1978）和歌山縣〔日本社會黨〕		292 日
芦田均（Ashida Hitoshi）	1948.3.10 – 1948.10.15	
（1887 – 1959）京都府〔民主黨〕		220 日
鳩山一郎（Hatoyama Ichirō）	1954.12.10 – 1955.11.22	
（1883 – 1959）東京都〔日本民主黨、自由民主黨〕	1955.11.22 – 1956.12.23	
		745 日
石橋湛山（Ishibashi Tanzan）	1956.12.23 – 1957.2.25	
（1884 – 1973）東京都〔自由民主黨〕		65 日
岸信介（Kishi Nobusuke）	1957.2.25 – 1960.7.19	
（1896 – 1987）山口縣〔自由民主黨〕		1,241 日
池田勇人（Ikeda Hayato）	1960.7.19 – 1964.11.9	
（1899 – 1965）廣島縣〔自由民主黨〕		1,575 日

佐藤榮作（Satō Eisaku） （1901－1975）山口縣〔自由民主黨〕	1964.11.9 – 1972.7.7	2,798 日
田中角榮（Tanaka Kakuei） （1918－1993）新潟縣〔自由民主黨〕	1972.7.7 – 1974.12.9	886 日
三木武夫（Miki Takeo） （1907－1988）德島縣〔自由民主黨〕	1974.12.9 – 1976.12.24	747 日
福田赳夫（Fukuda Takeo） （1905－1995）群馬縣〔自由民主黨〕	1976.12.24 – 1978.12.7	714 日
大平正芳（Ōhira Masayoshi） （1910－1980）香川縣〔自由民主黨〕	1978.12.7 – 1980.6.12	554 日
鈴木善幸（Suzuki Zenkō） （1911－2004）岩手縣〔自由民主黨〕	1980.7.17 – 1982.11.27	864 日
中曾根康弘（Nakasone Yasuhiro） （1918－2019）群馬縣〔自由民主黨〕	1982.11.27 – 1983.12.27 1983.12.27 – 1986.8.15 1986.8.15 – 1987.11.6	1,806 日
竹下登（Takeshita Noboru） （1924－2000）島根縣〔自由民主黨〕	1987.11.6 – 1989.6.3	576 日
宇野宗佑（Uno Sōsuke） （1922－1998）滋賀縣〔自由民主黨〕	1989.6.3 – 1989.8.10	69 日
海部俊樹（Kaifu Toshiki） （1931－2022）愛知縣〔自由民主黨〕	1989.8.10 – 1991.11.5	818 日
宮澤喜一（Miyazawa Kiichi） （1919－2007）廣島縣〔自由民主黨〕	1991.11.5 – 1993.8.9	644 日
細川護熙（Hosokawa Morihiro） （1938－　　）東京都〔日本新黨〕	1993.8.9 – 1994.4.28	263 日
羽田孜（Hata Tsutomu） （1935－2017）東京都〔民主黨〕	1994.4.28 – 1994.6.30	64 日
村山富市（Murayama Tomiichi） （1924－　　）大分縣〔日本社會黨〕	1994.6.30 – 1996.1.11	561 日
橋本龍太郎（Hashimoto Ryūtarō） （1937－2006）東京都〔自由民主黨〕	1996.1.11 – 1998.7.30	932 日

小渕惠三（Obuchi Keizō）
（1937 – 2000）群馬縣〔自由民主黨〕　　1998.7.30 – 2000.4.5

616 日

森喜朗（Mori Yoshirō）
（1937 – 　　）石川縣〔自由民主黨〕　　2000.4.5 – 2001.4.26

387 日

小泉純一郎（Koizumi Jun'ichirō）
（1942 – 　　）神奈川縣〔自由民主黨〕　　2001.4.26 – 2006.9.26

1,980 日

安倍晉三（Abe Shinzō）
（1954 – 2022）東京都〔自由民主黨〕　　2006.9.26 – 2007.9.26

366 日

福田康夫（Fukuda Yasuo）
（1936 – 　　）東京都〔自由民主黨〕　　2007.9.26 – 2008.9.24

365 日

麻生太郎（Asō Tarō）
（1940 – 　　）福岡縣〔自由民主黨〕　　2008.9.24 – 2009.9.16

358 日

鳩山由紀夫（Hatoyama Yukio）
（1947 – 　　）北海道縣〔民主黨〕　　2009.9.16 – 2010.6.8

266 日

菅直人（Kan Naoto）
（1946 – 　　）東京都〔民主黨〕　　2010.6.8 – 2011.9.2

452 日

野田佳彥（Noda Yoshihiko）
（1957 – 　　）千葉縣〔民主黨〕　　2011.9.2 – 2012.12.26

482 日

安倍晉三（Abe Shinzō）
（1954 – 2022）山口縣〔自由民主黨〕　　2012.12.26 – 2020.9.16

2,822 日

菅義偉（Suga Yoshihide）
（1948 – 　　）神奈川縣〔自由民主黨〕　　2020.9.16 – 2021.10.4

384 日

岸田文雄（Kishida Fumio）
（1957 – 　　）廣島縣〔自由民主黨〕　　2021.10.04 – 現在

附錄五　日本新舊地名對照表

說明：
（1）　舊國名以 1868 年（明治元年）為準。
（2）　現代日本行政區分，包括一都（東京都）、一道（北海道）、兩府（京都府、大阪府）、
四十三縣。
（3）　江戶是德川幕府所在地，1868 年改稱東京。
（4）　日本於 1872 年強行廢除琉球王國，設置琉球藩；1879 年，改設沖繩縣。

地區	舊國名 / 地名		都道府縣名 / 地名
北海道	蝦夷地		北海道
東北地方	陸奧	陸奧	青森、岩手
		陸中	岩手、宮城
		陸前	岩手、宮城
		磐城	福島、宮城
		岩代	福島
	出羽	羽前	山形
		羽後	秋田、山形
關東地方	安房、上總		千葉
	下總		千葉、茨城
	常陸		茨城
	相模		神奈川
	武藏		東京、埼玉、神奈川
	上野		群馬
	下野		櫪木
	江戶		東京都
中部地方	佐渡、越後		新潟
	越中		富山
	越前、若狹		福井
	能登、加賀		石川
	信濃		長野

		飛驒、美濃	岐阜
		甲斐	山梨
		駿河、伊豆、遠江	靜岡
		三河、尾張	愛知
近畿地方	畿內	山城	京都
		大和	奈良
		河內、和泉	大阪
		攝津	大阪、兵庫
		丹波	京都、兵庫
		丹後	京都
		近江	滋賀
		淡路、播磨、但馬	兵庫
		紀伊	和歌山
		伊勢、伊賀、志摩	三重
中國地方		美作、備前、備中	岡山
		備後、安藝	廣島
		周防、長門	山口
		因幡、伯耆	鳥取
		隱岐、出雲、石見	島根
四國地方		阿波	德島
		讚岐	香川
		伊予	愛媛
		土佐	高知
九州地方		筑前、筑後	福岡
		豐前	福岡、大分
		豐後	大分
		肥前	佐賀、長崎
		肥後	熊本
		日向	宮崎
		薩摩、大隅	鹿兒島
		壹岐、對馬	長崎

主要參考書目

■ 中文

〔日〕竹內理三等編，沈仁安、馬斌等譯：《日本歷史辭典》，天津：天津人民出版社，
　　1988 年。

〔日〕笠原英彥著，陳鵬仁譯：《日本歷代天皇略傳》，台北：台灣商務印書館，2004 年。

〔日〕鈴木正、卞崇道等著：《日本近代十大哲學家》，上海：上海人民出版社，1989 年。

〔日〕福田和也著，林思敏譯：《評價日本歷代首相》，台北：台灣商務印書館，2005 年。

〔美〕安德魯‧戈登（Andrew Gordon）著，李朝津譯：《200 年日本史：德川以來的近
　　代化行程》，香港：中文大學出版社，2014 年。

《日本文學詞典》，上海：上海辭書出版社，1994 年。

《世界近代史詞典》，上海：上海辭書出版社，1998 年。

《世界歷史詞典》，上海：上海辭書出版社，1985 年。

于清高、華珏等編：《現代日本名人錄》（上、下冊），北京：時事出版社，1982 年、
　　1984 年。

中國日本史研究會編：《日本史論文集》，北京：生活‧讀書‧新知三聯書店，1982 年。

中國日本史學會編：《日本歷史風雲人物評傳》，天津：天津人民出版社，1988 年。

中國社會科學院編：《簡明日本百科全書》，北京：中國社會科學出版社，1994 年。

卞崇道、王青主編：《明治哲學與文化》，北京：中國社會科學出版社，2003 年。

伊文成、馬家駿主編：《明治維新史》，瀋陽：遼寧教育出版社，1987 年。

成春有、江捷主編：《日本歷史文化詞典》，南京：南京大學出版社，2010 年。

朱庭光主編：《外國歷史名人傳》（近代部分），重慶：重慶出版社，1982 年。

朱傑勤、黃邦和主編：《中外關係史辭典》，武漢：湖北人民出版社，1992 年。

吳杰主編：《日本史辭典》，上海：復旦大學出版社，1992 年。

李慶著：《日本漢學史‧第二部：成熟和迷途》，上海：上海外語教育出版社，2004 年。

李顯榮、張宏儒、湯重南主編：《外國歷史大事集》（近代部分第三分冊），重慶：重慶
　　出版社，1985 年。

周佳榮著：《大化革新前後的日本》，香港：商務印書館（香港）有限公司，2021 年。

周佳榮著：《近代日本文化與思想》，香港：商務印書館（香港）有限公司，2015 年。

周佳榮著：《細語和風：明治以來的日本》，香港：香港中和出版有限公司，2018 年。

夏征農、陳至立主編：《大辭海・世界歷史卷》，上海：上海辭書出版社，2011 年。

莊錫昌主編：《外國歷史名人辭典》，南昌：江西教育出版社，1989 年。

陳再明著：《日本人物群像》，台北：聯經出版專業公司，1996 年。

楊棟樑著：《日本歷屆首相小傳》，北京：新華出版社，1987 年。

趙曉春著：《百代盛衰：日本皇室》，北京：社會科學文獻出版社，1998 年。

錢婉約著：《從漢學到中國學：近代日本的中國研究》，北京：中華書局，2007 年。

■ 日文

《日本 20 世紀館》，東京：小學館，1999 年。

《日本史有名家族の情景》，東京：新人物往來社，2006 年。

《平成本》，東京：昭文社，2019 年。

《図解現代史 1945 – 2020》，東京：成美堂出版社，2016 年。

入澤宣幸著：《日本史 1200 人》，東京：西東社，2012 年。

中村政則編：《年表昭和史》，東京：岩波書店，1989 年。

五味文彥等編著：《詳說日本史研究》，東京：西東社，2012 年。

五味文彥編：《日本史重要人物 101》，東京：新書館，1996 年。

日本史廣辭典編集委員會編：《日本史人物辭典》，東京：山川出版社，2000 年。

永原慶二監修：《岩波日本史辭典》，東京：岩波書店，1999 年。

兒玉幸多監修：《日本史人物事典》，東京：講談社，1995 年。

松村正義著：《國際交流史—近現代の日本》，東京：地人館，1996 年。

芳賀幸四郎編著：《日本史要覽》，東京：文英堂，1966 年。

鈴木旭、島崎晉著：《日本史人物の謎 100》，東京：學習研究社，2008 年。

藤原彰、吉田裕等著：《天皇の昭和史》，東京：新日本出版社，1984 年。

■ 英文

100 Japanese You Should Know. Tokyo: Kodansha International Ltd., 1998.

Japan: An Illustrated Encyclopedia. 2 vols. Tokyo: Kodansha Ltd., 1993.

Kodansha Encyclopedia of Japan. 9 vols. Tokyo and New York: Kodansha Ltd., 1983.

The Cambridge Encyclopedia of Japan. Cambridge, New York and Melbourne: Cambridge University Press, 1993.

The Cambridge History of Japan. 1 – 6 vols. Cambridge: Cambridge University Press, 1988.

The Kodansha Bilingual Encyclopedia of Japan. Tokyo: Kodansha International Ltd., 1998. 《對譯日本事典》，東京：講談社國際株式會社，1998 年。

Beasley, William G. *The Rise of Modern Japan*. London: Weidenfeld and Nicolson, 1991.

Huffman, James L. *Modern Japan: An Encyclopedia of History, Culture, and Nationalism*. New York and London: Garland Publishing, Inc., 1998.

Huffman, James L. *Japan in World History*. Oxford & New York: Oxford University Press, 2010.

Varley, Paul. *Japanese Culture*. Fourth Edition, Updated and Expanded. Honolulu: University of Hawai'i Press, 2000.

圖片來源

圖 1　秋山謙藏編：《日本史》，第二編（東京：平凡社，1935）。

圖 2　日本政府官方網站，https://www.japan.go.jp/。

圖 3　日本政府官方網站，https://www.japan.go.jp/。

圖 4　西岡虎之助編：《日本史》，第一編（東京：平凡社，1935）。

圖 5　西岡虎之助編：《日本史》，第一編。

圖 6　聖德太子繪傳。典藏者：東京國立博物館。創用 CC 姓名標示 3.0 台灣（CC BY 3.0 TW）。發佈於《開放博物館》[https://openmuseum.tw/muse/digi_object/d9f894cdb4302108bfb7eb639a679200#107791]（2022/10/24 瀏覽）。

圖 7　辻善之助：《海外交通史話（增訂）》（東京：內外書籍，1930）。

圖 8　西岡虎之助編：《日本史》，第一編。

圖 9　和同開珎。典藏者：東京國立博物館。創用 CC 姓名標示 4.0 國際（CC BY 4.0 International）。發佈於《開放博物館》[https://openmuseum.tw/muse/digi_object/8966612a47c659f2d030b0b4560b03fa#111614]（2022/10/24 瀏覽）。

圖 10　秋山謙藏編：《日本史》，第二編。

圖 11　西岡虎之助編：《日本史》，第一編。

圖 12　束帶天神像。典藏者：九州國立博物館。創用 CC 姓名標示 3.0 台灣（CC BY 3.0 TW）。發佈於《開放博物館》[https://openmuseum.tw/muse/digi_object/20277335288f873b1fa5e083747fb3af#109239]（2022/10/24 瀏覽）。

圖 13　秋山謙藏編：《日本史》，第二編。

圖 14　古今和歌集。典藏者：東京國立博物館。創用 CC 姓名標示 4.0 國際（CC BY 4.0 International）。發佈於《開放博物館》[https://openmuseum.tw/muse/digi_object/4fea8a8f6ae0a8f0595df850ce1617df#110269]（2022/10/24 瀏覽）。

圖 15　《源氏物語》摘錄。典藏者：東京國立博物館。創用 CC 姓名標示 4.0 國際（CC BY 4.0 International）。發佈於《開放博物館》[https://openmuseum.tw/muse/digi_object/34a5c4390a43d0b0ae0c8eca524f9b0a#110491]（2022/10/24 瀏覽）。

圖 16　源氏物語圖屏風（繪合、蝴蝶）。典藏者：東京國立博物館。創用 CC 姓名標示 3.0 台灣（CC BY 3.0 TW）。發佈於《開放博物館》[https://openmuseum.tw/muse/digi_object/fd383873f6fe194b262d5a7dbe2e909f#108819]（2022/10/24 瀏覽）。

圖 17　石橋山、江島、箱根圖。典藏者：東京國立博物館。創用 CC 姓名標示 3.0 台灣（CC BY 3.0 TW）。發佈於《開放博物館》[https://openmuseum.tw/muse/digi_object/77640d3626d4b4236d764db481cfc7a1#109300]（2022/10/24 瀏覽）。

圖 18　秋山謙藏編：《日本史》，第二編。

圖 19　榮華物語圖屏風 _2。典藏者：東京國立博物館。創用 CC 姓名標示 3.0 台灣（CC BY 3.0 TW）。發佈於《開放博物館》[https://openmuseum.tw/muse/digi_object/97f5dfad26f466dd2f51b25f34773b72#108735]（2022/10/24 瀏覽）。

圖 20　北條時宗書信。典藏者：九州國立博物館。創用 CC 姓名標示 4.0 國際（CC BY 4.0 International）。發佈於《開放博物館》[https://openmuseum.tw/muse/digi_object/5d37997ecb6c386ab7704413de592c7f#109659]（2022/10/24 瀏覽）。

圖 21　秋山謙藏編：《日本史》，第二編。

圖 22　秋山謙藏編：《日本史》，第二編。

圖 23　西岡虎之助編：《日本史》，第一編。

圖 24　秋山謙藏編：《日本史》，第二編。

圖 25　秋山謙藏編：《日本史》，第二編。

圖 26　傳足利義政像。典藏者：東京國立博物館。創用 CC 姓名標示 3.0 台灣（CC BY 3.0 TW）。發佈於《開放博物館》[https://openmuseum.tw/muse/digi_object/99ca7142317ca79d04db975aee39e1e4#109123]（2022/10/24 瀏覽）。

圖 27　織田信長像（摹本）。典藏者：東京國立博物館。創用 CC 姓名標示 3.0 台灣（CC BY 3.0 TW）。發佈於《開放博物館》[https://openmuseum.tw/muse/digi_object/8001a53553977575fdfec9af090ca3d6#109307]（2022/10/24 瀏覽）。

圖 28　秋山謙藏編：《日本史》，第二編。

圖 29　井野邊茂雄、阿部真琴、藤井甚太郎：《日本史》，第三編（東京：平凡社，1935）。

圖 55　井野邊茂雄、阿部真琴、藤井甚太郎：《日本史》，第三編。

圖 56　井野邊茂雄、阿部真琴、藤井甚太郎：《日本史》，第三編。

圖 57　本社藏品。

圖 58　《読売新聞》，1927 年 7 月 2 日，朝刊。

圖 59　《読売新聞》，1931 年 12 月 14 日，夕刊。

圖 60　小沼勝衛編：《東洋文化史大系：東亞の現勢》（東京：誠文堂新光社，1939）。

圖 61　本社藏品。

圖 62　《読売新聞》，1941 年 10 月 19 日，夕刊。

圖 63　《読売新聞》，1947 年 12 月 27 日，朝刊。

封面素材

01　假名手本忠臣藏 第二段。典藏者：東京國立博物館。創用 CC 姓名標示 3.0 台灣
（CC BY 3.0 TW）。發佈於《開放博物館》[https://openmuseum.tw/muse/digi_objec
t/6696729e1b1cc7b29fdf28acb75d2f03#108025]（2023/03/27 瀏覽）。

02　假名手本忠臣藏 第四段。典藏者：東京國立博物館。創用 CC 姓名標示 3.0 台灣
（CC BY 3.0 TW）。發佈於《開放博物館》[https://openmuseum.tw/muse/digi_objec
t/53524e28cc2748eb37e5ebe7a26e3d27#108098]（2023/03/27 瀏覽）。

03　假名手本忠臣藏 第六段。典藏者：東京國立博物館。創用 CC 姓名標示 3.0 台灣
（CC BY 3.0 TW）。發佈於《開放博物館》[https://openmuseum.tw/muse/digi_objec
t/164a5a9cdc5dc61abed82a9f75794d48#108100]（2023/03/27 瀏覽）。

04　Adachi Ginkō, *View of the Issuance of the State Constitution in the State Chamber
of the New Imperial Palace* (March 2, 1889), The Met Collection: https://www.
metmuseum.org/art/collection/search/55246.

05　Utagawa Kunisada II, *View of a Military Review Parade at Aoyama* (Feb. 1889), The
Met Collection: https://www.metmuseum.org/art/collection/search/55201.

06　Uto Gyoshi, *Musk Cat* (mid–late 16th century), The Met Collection: https://www.
metmuseum.org/art/collection/search/53222.

詞條索引（筆畫次序）